KLETT

ALTSPRACHLICHE TEXTE

C. Sallustius Crispus
Coniuratio Catilinae

bearbeitet von
Jürgen Blänsdorf und
Ekkehard Lederbogen

Teil 2: Arbeitskommentar mit Zweittexten

Ernst Klett Schulbuchverlag Leipzig

Leipzig Stuttgart Düsseldorf

Kapitel 1a

A 1
Suchen Sie die tragenden Begriffe des Abschnitts heraus. Wie sind die Gedanken verknüpft? (Zeichnen Sie ein Schema.)

A 2
Untersuchen Sie Sallusts Ausführungen zum Wesen des Menschen: wieweit sind sie als Feststellungen, wieweit als ethische Forderungen formuliert?

A 3
a) Vergegenwärtigen Sie sich die Rolle, die S. der *gloria* zuweist, und diskutieren Sie seine Vorstellungen vom Menschen und dessen Handlungsziel(en). Vergleichen Sie dies auch mit Zielen, die Ihnen wichtig erscheinen.
b) Welche Rolle spielt in diesem Zusammenhang die *virtus* bei S.?
Prüfen Sie die Übersetzungsmöglichkeiten für diesen Begriff.

R c) Informieren Sie sich in einem Lexikon zur Antike (s. Literaturverz., S. 46) über die Rolle der *gloria* im römischen Leben.
(Stichworte: Bestattung, (Auto-)Biographie u. a.)

* **A 4**
Der Ausdruck *silentio* (Zeile 2) kann sowohl in aktivischer *(= silentes)* wie in passivischer *(= ut de eis sileatur)* Bedeutung verstanden werden. Welche Bedeutungen ergeben sich für den Zusammenhang?

* **A 5**
Gr Versuchen Sie die Ihnen auffallenden Besonderheiten in Sprache und Stil dieses Abschnittes mit Hilfe der Zusammenstellung (Textband S. 11ff) zu erklären. Welche Absicht verfolgt S. damit?

A 6
Worin zeigt sich ein Bezug der Wesensbestimmung des Menschen, die S. hier gibt, auf Geschichte und Geschichtsschreibung?

Kapitel 1b/2

A 1
Wie führt S. nach der abschließenden These (1,4) den Gedankengang weiter?

A 2
Skizzieren Sie den knappen Abriß über die Entartung des Staates und ihre Antriebskräfte (2,1/2) nach.

* **A 3**
Vergleichen Sie die Wertung von *virtus, ingenium* und *gloria* in 1,5–2,2 mit der im ersten Abschnitt: Woraus erklärt sich der Unterschied?

A 4
a) In 2,3–6 entwickelt S. eine Theorie über Machtergreifung, Behauptung und Verfall der Macht. Arbeiten Sie deren Hauptzüge und Leitbegriffe heraus.

* b) Überprüfen Sie die Gültigkeit dieser Theo-
R rie anhand moderner Darstellungen der von Sallust erwähnten Ereignisse.

* c) Vergleichen Sie Beispiele von Machtergreifung, Machtbehauptung und Machtverfall aus der neueren (z. B. der deutschen) Geschichte.

A 5
Wie verhalten sich dem Text (1,5–2,9) zufolge *animus (ingenium)* und *mores* zueinander? Ist ihr Verhältnis eindeutig?

* **A 6**
In 2,7–9 kehrt S. zu anthropologischen Thesen zurück. Vergleichen Sie sie mit denen in 1,1–4 und erläutern Sie den davon verschiedenen Ansatzpunkt.

Kapitel 3a

A 1
Geben Sie dem Abschnitt eine Überschrift. Durch welche Begriffe ist sein Thema mit dem Vorhergehenden verknüpft?

A 2
Charakterisieren Sie die Aufgaben und die Schwierigkeiten, denen sich Sallust zufolge der römische Historiker stellen muß.

A 3
Beschreiben Sie die Art des Gedankenfortschritts.

Kapitel 3b/4

A 1
Gliedern und charakterisieren Sie Sallusts Selbstvorstellung. Welchen Zweck verfolgt er mit dieser Darstellung?

A 2
a) Stellen Sie anhand der Einleitung (Textband S. 8ff) die (vermutlich) wichtigsten Einschnitte in Sallusts Lebenslauf zusammen und versuchen Sie, diese im Abschnitt 3,3–4,2 nachzuweisen. Wie deuten Sie das Ergebnis?
b) Zwischen Sallusts Lebenspraxis und der von ihm vertretenen Moralität wurde schon früh ein Widerspruch gesehen. Welches Echo finden diese Angriffe in seiner Selbstvorstellung?
* c) S. formuliert die für seine Geschichtsschreibung wesentlichen Voraussetzungen (4,2 Ende). Wieweit waren diese in Anbetracht seiner politischen Laufbahn und der aktuellen Lage des Staates gesichert?

* **A 3**
Lesen Sie Z 1: Welche Gründe haben S. zum Rücktritt aus der Politik bewogen? (Vergleichen Sie dies mit Cat. 3,3–4,2.) Wie argumentiert er gegen die Kritiker dieses Schritts?

* **A 4**
a) Welches Ansehen hatten – nach Cat. 3/4 und Z 1 – geistige Tätigkeit und insbesondere die Geschichtsschreibung in Rom?
b) Stellen Sie Formen des römischen *otium* und *negotium* aus dem Haupttext und Z 1 zusammen.
c) Vergleichen Sie Sallusts Einschätzung römischer *negotia* in 4,1 *(‚neque vero – agere‘)* und in 2,7. Wie erklären Sie Ihre Beobachtungen?

A 5
a) Charakterisieren Sie die Bedeutung, die S. der *memoria* gibt. Offensichtlich ist es zu oberflächlich, *memoriā digna* (4,2) mit ‚denkwürdig‘ zu übersetzen.
* b) Mit seiner Monographie *(carptim … perscribere!)* setzt sich S. von der in der römischen Geschichtsschreibung überwiegenden Annalistik (= kontinuierliche Darstellung der historischen Ereignisse Jahr für Jahr von Gründung der Stadt an) ab. Wie paßt das zu dem von ihm angestrebten Zweck seines Schreibens?

A 6
Diskutieren Sie die Wahl des Catilina-Stoffes. Berücksichtigen Sie dabei
– die Gesichtspunkte *memoria* (vgl. A 5) und *utilitas* (Jugurtha 4,4–6, s. Z 1)
– Sallusts Urteil über seine Zeit (Cat. 3,3; Jugurtha 3,1, s. Z 1)
– Sallusts Prognose (Cat. 2,3–6)

A 7
Analysieren Sie die ‚Praefatio‘ unter der Fragestellung: Läßt S. einen einheitlichen Lebensplan erkennen? Untersuchen Sie dafür die Lebensziele, die er nennt, und die Mittel, mit denen er sie jeweils verfolgt hat. Welche Schwierigkeiten hatte er dabei zu überwinden?

*** A 8**

Die traditionellen Bestandteile der Praefatio antiker Geschichtswerke sind – in wechselnder Vollständigkeit und Verbindung –:

(1) Name und Herkunft des Autors
(2) Titel und Stoff
(3) Begründung für die Wahl des Stoffes (z. B. Größe)
(4) Bezug des Autors zum Stoff und Wahrheitsanspruch
(5) Ziel des Werkes (Darstellung, Ruhm, praktischer Nutzen für Politik oder Moral, tiefere Erkenntnis)
(6) Wahrheitskriterium und Quellenfragen, Darstellungsmethode und Stilfragen
(7) Abgrenzung des Geschehens (Beginn der Ereignisse), Anlaß und tiefere Ursache (überleitend zur Behandlung)

a) Welche Bestandteile finden sich in der Praefatio des ‚Catilina'?

b) Welche Übereinstimmungen und Abweichungen ergeben sich beim Vergleich mit Vorworten moderner Darstellungen?

(z. B. → Syme, Sallust ; → Stöver, Verschwörung; G. Mann, Deutsche Geschichte 1919–1945, Fischer-Taschenb. Nr. 6196, Frankfurt 1961)

Z 1

In der Einleitung zu seiner zweiten historischen Monographie hat Sallust seinen Entschluß, sich der Geschichtsschreibung zu widmen, noch einmal nachdrücklich begründet –
Sallust, Bellum Iugurthinum 3,1; 4,1–6:

Ämter und Machtbefugnisse, kurz gesagt jede Art politischer Betätigung *(cura rerum publicarum)*, halte ich unter den gegenwärtigen Zeitumständen keineswegs für ein erstrebenswertes Ziel. Denn sittliches Handeln *(virtus)* genießt kein öffentliches Ansehen *(honos)*, und Leute, die durch Betrug zu Ehren kamen, sind deshalb weder in Sicherheit noch wirkliche Ehrenmänner ...

Doch unter allen anderen Beschäftigungen *(negotia)*, die mit geistigen Fähigkeiten *(ingenium)* ausgeübt werden, ist die Geschichtsschreibung *(memoria rerum gestarum)* von besonders großem Nutzen. Da über deren Leistung *(virtus)* schon viele gesprochen haben, muß ich diesen Punkt wohl übergehen, besonders damit niemand meint, daß ich aus Anmaßung mein eigenes Interesse selbst mit Lob verkläre. Und weil ich nun beschlossen habe, mein Leben fern der Politik *(res publica)* zu verbringen, wird es mit Sicherheit Leute geben, die meine so große und nützliche Bemühung *(labor)* mit Untätigkeit *(inertia)* bezeichnen werden, Leute natürlich, die den höchsten Fleiß *(industria)* darin sehen, das Volk *(plebs)* zu begrüßen und mit Parties sich politischen Einfluß *(gratia)* zu verschaffen. Wenn die bedächten, unter welchen Zeitverhältnissen ich Ämter erreicht habe und welche Männer dasselbe nicht erreichen konnten und was für Leute später in den Senat gelangt sind, werden sie bestimmt zu der Ansicht kommen, daß ich aus gutem Grund, nicht aus Trägheit mein Urteil geändert habe und daß der Staat *(res publica)* größeren Vorteil aus meiner Muße *(otium)* haben wird als aus den Geschäften *(negotia)* anderer. Denn ich habe oft gehört, daß Q. Maximus[1], P. Scipio[2] und andere berühmte Männer unseres Staates immer wieder gesagt haben, am leidenschaftlichsten würden sie zu tapferem Handeln *(virtus)* begeistert, wenn sie die Bilder ihrer Vorfahren[3] betrachten, womit sie natürlich nicht meinten, daß das Wachs oder die Form solche Macht in sich trügen, sondern daß durch die Erinnerung an vollbrachte Taten *(memoria rerum gestarum)* hervorragenden Männern diese Flamme im Herzen wachse und nicht eher zur Ruhe komme, als bis ihre Leistung *(virtus)* den Ruf und den Ruhm *(fama atque gloria)* dieser Männer erreicht habe.

[1] Q. Fabius Maximus Cunctator, Feldherr im 2. Punischen Krieg [2] P. Cornelius Scipio Africanus minor, Sieger im 3. Pun. Krieg [3] Bildnisse aus Wachs, die einen Ehrenplatz im Haus einnehmen

Kapitel 5

A 1

a) Beschreiben Sie den Aufbau der ‚Charakteristik Catilinas' und berücksichtigen Sie dabei folgende Fragen: Wieweit läßt sich ein chronologischer Aufbau nachweisen? – Welche Funktion hat der einleitende Satz im Rahmen der Gliederung?

* b) Vergleichen Sie die Einschätzung von *corpus, animus, ingenium* und *mores* mit ihrer Bewertung in der theoretischen Einleitung (Kap. 1 ff) und versuchen Sie, Abweichungen zu erklären.

A 2

a) Gruppieren Sie die genannten Eigenschaften Catilinas (evtl. schriftlich – vgl. A 5). Auf welche Wesenszüge und Eigenschaften legt S. besonderes Gewicht?

b) Welche Eigenschaften oder Lebensbereiche, die Sie in einer Biographie erwarten würden, werden nicht angesprochen?

A 3

a) Untersuchen Sie die ‚Charakteristik Catilinas' daraufhin, wie und in welchem Verhältnis individuelle Veranlagung bzw. gesellschaftliche Einwirkungen Catilinas Wesen geprägt haben. Sieht S. ein Schlüsselerlebnis im Leben Catilinas?

b) Ordnen Sie die Informationen, die der Text zum Werdegang des Politikers Catilina gibt, in die Darstellung seines Lebens in der Einleitung (Textband S. 7f; vgl. die Tabelle Textband S. 79) ein.

R c) Informieren Sie sich zu L. Cornelius Sulla. (Lex. z. Antike; → Bengtson 178–193; → Heuß 171–185)

* **A 4**

Gr Suchen Sie in Kap. 5 Belege für Stilmittel Sallusts (vgl. Textband S. 11 ff). Welche Mittel treten gehäuft auf, und welche Wirkung erzielt Sallust mit ihnen?

* **A 5**

a) Vergleichen Sie Z 1 und erfassen Sie die von Cicero aufgezählten Charakterzüge.

b) Beschreiben Sie die Unterschiede zu Sallusts Darstellung und versuchen Sie sie zu erklären.

* **A 6**

a) B. Brecht entwickelt im Rahmen seines Caesar-Romans – s. Z 2 – eine zusammenhängende Charakteristik Catilinas. In welchen Zügen stimmt sie mit Sallusts Charakterisierung überein? In welchen Punkten geht Brechts Catilinabild über diesen Sallusttext hinaus?

b) Welche literarischen Techniken verwendet Brecht?

A 7

a) Der Satz 5,9 leitet zu dem Exkurs Kap. 6–13 über. Lesen Sie hierzu H 1. Wie erfolgt diese Überleitung, und welche Themen kündigt S. an?

b) Welchem der in H 1 vorgeführten Typen würden Sie den angekündigten Exkurs zuordnen?

* c) Welche Darstellungsformen wählt die moderne Geschichtsschreibung statt der antiken Exkurstypen?

Z 1

Cicero entwarf ein Bild Catilinas, als er i. J. 56 v. Chr. seinen Freund Caelius in einem Prozeß (De vi) auch gegen den Vorwurf verteidigen mußte, zum Kreis Catilinas gehört zu haben.
M. Tullius Cicero, Pro M. Caelio oratio 12–14:

„Caelius war Anhänger Catilinas. Und viele jeden Standes und Alters waren es genauso. Dieser Mann hatte nämlich, wie ihr euch wohl erinnert, sehr viele Anzeichen vorzüglicher Qualitäten, die zwar nicht ausgeprägt, aber doch im Umriß erkennbar waren. Er verkehrte mit vielen verkommenen Menschen, er gab sich durchaus den Anschein, zum Kreise der besten Männer zu gehören. Er bot viele Verlockungen zu unsittlicher Lebensweise, aber es gab auch gewisse Anreize zu Fleiß und Arbeit. Die Laster der Lust fanden bei ihm Nahrung, aber auch Interesse für den Kriegsdienst galt etwas. Und ich glaube, niemals gab es ein solches Ungeheuer auf Erden, das derartig aus entgegengesetzten, verschiedenartigen und einander widerstreitenden natürlichen Interessen und Begehrlichkeiten verschmolzen war. Wer war zu gewisser Zeit berühmteren Männern angenehmer (als er), wer schädlicheren enger verbunden? Welcher Bürger gehörte je zu einer besseren Partei, wer war diesem Staat ein scheußlicherer Feind? Wer war in seinen Trieben schmutziger, wer in Mühsalen geduldiger? Wer in Raubgier habsüchtiger, wer im Schenken verschwenderischer? Das aber, ihr Richter, war bei jenem Menschen das Erstaunliche, daß er viele durch Freundschaft umgarnte, sie durch seine Willfährigkeit schützte, mit allen gemeinschaftlich teilte, was er hatte, daß er seinen Freunden in der Not mit Geld, Einfluß, körperlichem Einsatz, sogar Verbrechen, wenn es nötig war, und Verwegenheit diente, daß er seine Natur ständig wandelte, den Umständen anpaßte und hierhin und dorthin drehte und wendete, mit den Ernsten streng, mit den Leichtsinnigen umgänglich, mit den Alten würdig, mit der Jugend freundlich, mit den Verbrechern wagemutig, mit den Genußsüchtigen schwelgerisch lebte. Und als er mit diesem so schillernden und vielfältigen Wesen alle Gesinnungslosen und verwegenen Männer aus aller Welt um sich gesammelt hatte, selbst da fesselte er noch viele tapfere und rechtschaffene Männer durch einen Anschein vorgetäuschter Tugend. Niemals wäre an ihm der so verbrecherische Trieb, dieses Reich zu zerstören, zum Vorschein gekommen, wenn sich nicht diese Ungeheuerlichkeit so vieler Laster auf gewisse Wurzeln der Umgänglichkeit und der Duldensfähigkeit gestützt hätte."

Z 2

Im ‚2. Buch' von Brechts Caesar-Roman, fiktiven Tagebuchaufzeichnungen von Caesars Sekretär Rarus, bildet die Catilinarische Verschwörung ein wichtiges Hintergrundelement.

→ **B. Brecht, die Geschäfte des Herrn Iulius Caesar,** S. 42:

4. 9.[1]

Auch der „Schwamm"[2] schon in der Stadt. Er sprach lange mit C.[3] in der Bibliothek. Als C. ihn hinausführte, kam eben der Wollhändler Cruppulus. Ich hörte, wie Crassus, von dem Wollhändler befragt, was er von Catilina halte, antwortete: „Catilina ist ein talentierter Mensch aus einer unserer ältesten Familien, also völlig bankrott. Von der City[4] fünfmal saniert. Er unterschreibt jeden Wechsel, den sie ihm hinhalten, und würde als Regierungschef auch jede Verordnung unterschreiben, die man ihm hinhält. Er hat leider allerhand Beredsamkeit. Diejenigen meiner Mieter in den ärmeren Vierteln, die ihn haben reden hören, zahlen ihren Mietzins nicht mehr. Wir werden mit ihm zu tun bekommen."

C. sagte später spöttisch, es sei weniger die Beredsamkeit des Catilina, welche die Minderbemittelten zur Revolution zwingt, als die Beredsamkeit der feuchten Flecke in den Wohnbaracken des Crassus. Und er fügte hinzu: „Die Redegabe der hohen Preise nicht zu vergessen, die unser Cruppulus für seine Wollstoffe nimmt." ...

[1] = 4. 9. 63
[2] „Der Schwamm" ist der Spitzname für Crassus, dem in der Stadt viele Mietshäuser gehörten. Die Bevölkerung identifizierte ihn mit dem Schwamm, der in den meisten Häusern saß. (Anmerkung Brechts)
[3] „C." ist Caesar.
[4] Mit „City" bezeichnet Brecht die (stadt-)römischen Equites (= „die Kapitalisten").

H 1

Funktion und Typen des Exkurses in der antiken Geschichtsschreibung

Politische, rechtliche, soziale und wirtschaftliche Zusammenhänge werden von den antiken Historikern fast ausschließlich in Exkursform dargestellt. Exkurse vielfältiger Art gehörten damit von Anbeginn an zum festen Formbestand der antiken Geschichtsschreibung.

Sie werden vom Autor gewöhnlich ausdrücklich angekündigt und ebenso abgeschlossen, oft zusätzlich durch einen

Stilwechsel herausgehoben. Ihr Umfang reicht von kurzen, etwa 1–2 Kapitel langen Abschnitten bis zu umfangreichen Darstellungen, die sogar den Charakter einer Monographie annehmen können (so öfter bei Herodot, dem ‚Vater der Geschichtsschreibung', z. B. ist Buch 2 seines Geschichtswerkes eine Monographie über Ägypten). Die antiken Exkurse lassen sich nur ausnahmsweise mit den Anmerkungen vergleichen, die in heutigen historischen und anderen wissenschaftlichen Darstellungen üblich sind; denn sie enthalten stets mehr als nur Belegmaterial oder Nebenumstände.

Dem Inhalt nach lassen sich folgende Typen von Exkursen unterscheiden, die sich alle in irgendeiner Form auch in Sallusts Geschichtswerk finden:
1. *beschreibender Exkurs:* Geographie und Ethnographie unter besonderer Berücksichtigung der Staatsformen, Einrichtungen und Sitten (vgl. den Gallier- und Germanenexkurs in Caesar, Bellum Gallicum Buch 6), aber auch mythischer Überlieferung. Form: katalogartig oder schildernd, besonders bei Herodot verbreitet; kurze Biographien und Ortsbeschreibungen bei allen Historikern.
2. *erzählender Exkurs:* nähere Vorgeschichte oder geraffter Überblick von den Anfängen bis zur Zeitgeschichte mit Überleitung zu der behandelten Epoche; ferner Episoden innerhalb der Haupthandlung, Anekdoten, Novellen (Herodot), prägnante Aussprüche.
3. *abhandelnder Exkurs:* Diskussionen über Ausmaß, Ursachen und weiterreichende Formen eines Geschehens, Deutung eines Ereignisses; Probleme der historischen Überlieferung und Wahrheit.
4. *Curiosa:* Vorkommnisse, Merkwürdigkeiten oder Naturphänomene, die in keinem inneren Zusammenhang mit dem Thema des Geschichtswerkes stehen.

Im Rahmen eines Gesamtwerkes erfüllen die Exkurse aller Typen, auch die nur locker eingefügten, eine wichtige Aufgabe: vielfach werden sie wirkungsvoll zur Gliederung der Darstellung eingesetzt.

Kapitel 6

Hinweis: Zusammenfassende Aufgaben zu Kap. 6–13 s. u. S. 13. – Vgl. auch o. 5 H 1.

* **A 1**

R Informieren Sie sich in einem Lexikon zur Antike (Stichwörter: Aeneas, Romulus) über die römische Gründungssage und vergleichen Sie sie mit Sallusts Darstellung.

A 2

Unterteilen Sie Sallusts Darstellung der römischen Frühgeschichte und charakterisieren Sie die einzelnen Phasen.

A 3

Stellen Sie die Staatsform dieser Frühzeit Roms dar. Wie schätzt S. die historische Leistung der römischen Könige ein? (Suchen Sie wertende Ausdrücke. Der Begriff *regnum* diente in den politischen Auseinandersetzungen der republikanischen Zeit zur Diskriminierung politischer Gegner!)

A 4

Arbeiten Sie anhand der Hauptbegriffe die Faktoren heraus, die zur inneren und äußeren Stabilisierung des frührömischen Staates führten, und solche, die ihn von außen gefährdeten und von innen den Verfall einleiteten.

A 5

R Vergleichen Sie zu ihren Beobachtungen eine moderne Darstellung dieser Zeit.

(Lex. z. Antike; → Bengtson 32–41; → Heuß 4–12; → Propyläen-Weltgeschichte IV 1, 47 ff; → Vogt I 33–43).

Hinweis: Entsprechende Aufträge zu den anschließenden Epochen der römischen Geschichte sind 10 A 4 c, 11 A 3 b.

Kapitel 7

A 1

a) Wodurch ist der neue Abschnitt der römischen Geschichte nach dem Ende der Königsherrschaft gekennzeichnet?

b) In welchen Formulierungen deutet S. den späteren Umschlag der Einsatzbereitschaft für den Staat an?

A 2

a) Untersuchen Sie die Begriffe *virtus* und *libertas (liber)* in Kap. 7 und vergleichen Sie damit ihre Rolle in Kap. 6. Erläutern Sie den Satz *„virtus omnia domuerat"* (7,5).

b) Welche Bedeutung gibt Sallust der *gloria* in dieser historischen Phase?

* c) Vergleichen Sie Sallusts Gedanken über *ingenium, virtus, gloria* in der Praefatio.

* **A 3**

Sallust schildert in Kap. 6 und 7 den Aufstieg Roms aus römischer Sicht. Versuchen Sie, die römische Expansion und Sallusts Bewertungen einmal aus der Sicht der betroffenen Nachbarvölker zu sehen und Satz für Satz in deren Terminologie wiederzugeben. (*„res eorum ... aucta"* 6,3 z. B. könnte in der ‚Gegendarstellung' lauten: „Wir wurden eingeengt.")

* **A 4**

Vergleichen Sie die Motive, die S. für die Kriegsbereitschaft der frühen Römer nennt, mit den Ausführungen eines modernen Sozialpsychologen über die Ursachen von Kriegen:

Erich Fromm, Anatomie der menschlichen Destruktivität, Reinbek b. Hamburg (Rowohlt) 1977, S. 237:

Die Babylonier, die Griechen und alle Staatsmänner bis in unsere Zeit haben ihre Kriege aus Gründen geplant, die sie für sehr realistisch hielten, und sie haben die Pros und Contras sehr sorgfältig erwogen, wenn sie sich bei ihren Berechnungen natürlich auch oft irrten. Sie hatten dabei mannigfache Motive: Land, das sie kultivieren wollten, Reichtümer, Sklaven, Rohstoffe, Märkte, Expansion – und Verteidigung. Unter besonderen Umständen gehörte auch der Wunsch sich zu rächen oder die Zerstörungswut eines kleinen Stammes zu den Faktoren, die Beweggründe für Kriege darstellten, doch sind solche Fälle nicht typisch.

* Kapitel 8

A 1

Wie ist der Einschub mit der näheren Textumgebung verknüpft?

A 2

a) Worin sieht S. die Gründe dafür, daß im frühen Rom die Geschichtsschreibung fehlte? Was ergibt sich daraus für Sallust selbst als Historiker und für seine Zeit? Welchen Sinn hat also der Einschub?

b) Vergleichen Sie dazu die Praefatio 1,3; 3,1 f; 4,2.

A 3

R Informieren Sie sich über die historischen, kulturellen und gesellschaftlichen Bedingungen der Entstehung der römischen Geschichtsschreibung und vergleichen Sie mit dem Befund Sallusts Begründung für ihre späte Entstehung.

(Lexikon zur Antike; K. Büchner, Geschichte der römischen Literatur, Kröner, Stuttgart [5](1980), bes. S. 111 ff, 119 ff, 155 ff)

Kapitel 9

A 1
Welcher Abschnitt der römischen Geschichte ist hier beschrieben, wie ist er bewertet?

A 2
a) Stellen Sie die wichtigsten Formulierungen zusammen, mit denen S. das Verhalten der römischen Bürger charakterisiert. Welche verweisen insbesondere auf die Stabilität des Staates?

* b) Vergleichen Sie hierzu die These der Praefatio 2,3.

A 3
An welchen Formulierungen läßt sich Ihrer Meinung nach erweisen, daß S. diese Epoche römischer Geschichte idealisiert? Welcher Absicht könnte dieses Verfahren dienen?

* **A 4**
Eine weitere Darstellung dieses Zeitraums können Sie bei Cicero, De re publica II 56–63 finden.

Kapitel 10

A 1
In Kapitel 10 läßt S. einen neuen Abschnitt der römischen Geschichte beginnen. Auf welchen machtpolitischen Grundlagen ruht er? (Vgl. Geschichtskarte bzw. -atlas)

A 2
Durch welche Begriffe und Handlungsweisen charakterisiert S. den moralischen Wandel (10,1–3)? Stellen Sie die korrespondierenden Begriffe einander gegenüber und suchen Sie die entsprechenden Feststellungen in Kap. 6/7 und 9.

A 3
Fortuna bedeutete schon in Kap. 8 kein nur zufällig, sinnlos verlaufendes Geschehen.
a) Welche verschiedenartigen Bedeutungen kann *fortuna* haben? (Lexikon!)
Wie verhalten sich nach Sallusts Anschauung *fortuna* und das Wirken des Menschen zueinander? (Vergleichen Sie dazu auch die Gedanken der Praefatio 2,3–5.)
Wann wird nach S. *fortuna* innerhalb der historischen Entwicklung wirksam?
b) Wie interpretieren Sie nun den Satz: *„saevire fortuna ac miscere omnia coepit"*?

A 4
a) Wie beurteilt Sallust *ambitio* und *gloria* in diesem Abschnitt? Wodurch wird über ihren Wert entschieden? (Vergleichen Sie mit 7,6–7).

R b) Unterrichten Sie sich über *ambitio* und das römische Wahlverfahren.
(→ Ernst Meyer, Römischer Staat und Staatsgedanke; → J. Bleicken, Die Verfassung der Römischen Republik; Lex. z. Antike: Stichworte ‚Wahl(en)', ‚magistratus').

*R c) Wie wird die politische, soziale und auch die geistige Entwicklung dieser Epoche in modernen Darstellungen beurteilt?
(→ Bengtson 153–171; → Heuß 130–157; → Propyläen-WG 144–154; → Vogt II 9–32; → Christ 17ff)

* **A 5**
a) S. stellt für die historische Entwicklung Roms nach der Zerstörung Karthagos (10,1–11,3) psychologische Begriffe in den Vordergrund. Erörtern Sie Vor- und Nachteile dieser Betrachtungsweise.
b) Z 1 befaßt sich mit der Rolle des Geldes in der menschlichen Gesellschaft.

Z 1

Günter Schmölders, Psychologie des Geldes, rde, Hamburg (Rowohlt) 1966, S. 34f:

Solange sich das Streben der Menschen nach Ruhm auf kriegerische Auszeichnung, Kriegsbeute und Sklavenerwerb beschränkt, bleibt der zur Schau gestellte Reichtum mit den Gütern identisch, die diesen Rang des Helden beweisen und verkörpern; Haus und Land, Frauen und Sklaven, Schmuck und schimmernde Wehr sind die Mittel, sich vor anderen sichtbar auszuzeichnen. Mit dem Hortgeld und ‚Protzgeld' Gerloffs[1] wird bereits eine erste Stufe der Abstraktion von diesen konkreten ‚Werten' erklommen; ererbter Reichtum, erworbene Geschenke, Erzeugnisse der Frauen- und Sklavenarbeit sind von nun an nicht mehr von eigener kriegerischer Leistung zu unterscheiden.

Das ‚Tauschgeld' der nächsten Stufe ist darüber hinaus bereits weitgehend ‚anonym'; es kann aus jeglicher Art von Geschäften stammen und zum Erwerb jeglichen Gutes dienen, es ist in unbegrenzter Menge zu erwerben und aufzuspeichern. Die Antike hat diese abstrakte Form des Gelderwerbs um seiner selbst willen als unnatürlich empfunden; Aristoteles' Verdammung der ‚Kunst des Gelderwerbs' (Chrematistik) im Vergleich mit der lobenswerten ‚Oikonomia'[2] deutet auf ein lebendiges Gefühl für diesen Unterschied hin. Die scholastische Moralphilosophie mit ihrem Zinsverbot und ihrer Lehre vom gerechten Preis stand noch auf dem gleichen Standpunkt; erst Rationalismus und Aufklärung zerbrachen die Dämme, die den abstrakt rechenhaften Erwerbssinn des Menschen bis dahin in Schranken gehalten hatten.

In der Geschichte des Geldes ist diese Entwicklung zu immer abstrakteren Formen des Reichtums deutlich zu verfolgen. An die Stelle des ‚Nutzgeldes' trat mehr und mehr das ‚Symbolgeld'; archäologische Funde haben im Bodenseegebiet Tausende von spannenlangen Nephritbeilchen[3] zutage gefördert, die das ehemalige Tauschgut, das Steinbeil, nur noch symbolisch verkörpern. Auch die Kaurimuscheln, die in der Südsee vielfach als Tauschmittel dienen, kommen heute nicht selten in Form bloßer Nachbildungen aus Ton oder Metall vor. Das beweist, daß es zum Funktionieren des Geldes als Tauschmittel entgegen den Auffassungen der ‚Metallisten' nicht auf einen eigenen Gebrauchswert oder Metallwert der Geldzeichen, sondern nur auf die allgemeine Anerkennung des durch sie repräsentierten oder in ihnen dokumentierten Wertversprechens ankommt; die höhere Abstraktionsstufe, die mit dem Übergang vom Nutzgeld zum Symbolgeld erreicht wird, spiegelt sich in der Entstehung der von Sombart[4] als ‚kapitalistisch' gekennzeichneten rechenhaften Wirtschaftsgesinnung.

Mit dem Eintritt in die Epoche des Frühkapitalismus wurde infolgedessen die Art des Gelderwerbs gegenüber der Frage ‚wieviel?' mehr und mehr gleichgültig; Geldbesitz wurde gleichbedeutend mit Land- und Grundbesitz, mit Ämtern und Adelstiteln, mit Ehre und Ruhm. Das Geld wurde, nach einem vielzitierten Schopenhauer-Wort, zu einem ‚unermüdlichen Proteus[5], jeden Augenblick bereit, sich in den jedesmaligen Gegenstand unserer so wandelbaren Wünsche und mannigfachen Bedürfnisse zu verwandeln'; die als *‚carmina burana'* bekanntgewordenen spätmittelalterlichen Vagantenlieder besangen ‚das Geld' *(nummus)* als Herrn der Welt, Sittenverderber und ungekrönten König des Alltags.[6]

Diese Entwicklung zu immer höherer Abstraktion im Wert- und Gelddenken ist ein Grundzug aller Kulturgeschichte.

(Anm. d. Hg.)

[1] Gerloff, Wilhelm, dt. Nationalökonom 1880–1954

[2] wörtlich: Haus-verwaltung, Ökonomie

[3] Nephrit (oder Jade): grünliches Mineral

[4] Sombart, Werner, dt. Nationalökonom u. Soziologe 1863–1941, Hauptwerk: Der moderne Kapitalismus (2 Bde. 1902)

[5] In der griechischen Mythologie ist P. ein Meeresgott, der die Gabe besitzt, sich in vielerlei Gestalten zu verwandeln.

[6] Carmina burana. Lateinische und deutsche Lieder und Gedichte einer Handschrift des 13. Jh. aus Benediktbeuren auf der k. Bibliothek zu München; s. bes. c. 1, 3, 8, 9, 11, 47 a. Ausgaben: Carmina Burana, Die Lieder der Benediktbeurer Handschrift, zweisprachige Ausgabe v. A. Hilka – O. Schumann – B. Bischoff, übers. v. C. Fischer, Artemis-Verlag, Zürich/München 1974 (Taschenbuch-Ausgabe: dtv Nr. 2063, 1979)

Kapitel 11

A 1

Welche Faktoren und Akteure bestimmen die römische Entwicklung in dieser Phase? Vergleichen Sie Kap. 11 mit Kap. 10 und arbeiten Sie die Unterschiede der Darstellung heraus.

A 2

a) Wie erklärt S. hier die Entwicklung von *avaritia* und *ambitio?* Wie bewertet er sie?
b) Ziehen Sie Z 1 heran.

A 3

a) Beschreiben Sie die Folgen, die – nach Sallusts Darstellung (11,4–8) – die Herrschaft Sullas innerhalb dieser Entwicklung hervorbrachte. S. führt zwei Hauptgesichtspunkte an: welche und mit welcher Erklärung?

*R b) Vergleichen Sie eine moderne Darstellung der Auswirkungen des sullanischen Systems, insbesondere auf wirtschaftlichem und sozialem Gebiet.
(→ Bengtson 178–193; → Heuß (168,) 175–187; → Vogt II 45–62; → Christ 188ff, 231ff; → Propyläen-WG 224–231)

* **A 4**

Aufschlußreich ist ein Vergleich der bisher gelesenen Stellen, an denen *lubido* bzw. *cupido* v. a. in Verbindungen *(lubido alicuius rei)* gebraucht werden. Erklären Sie die jeweils verschiedene Bewertung (2,2; 2,5; 3,5; 5,6; 7,3/4; 10,3; 11,3).

* **A 5**

Gr Vgl. mit dem Geschichtsexkurs im ‚Catilina' (Kap. 6–11) die Thesen, die Sallust in der Einleitung der ‚Historiae' vorträgt (Z 1):
a) Wie werden dort die Hauptepochen der römischen Geschichte bewertet?
b) Inwiefern hat sich Sallusts Betrachtungsweise von Geschichte in den ‚Historiae' geändert?

Z 1

In seinem letzten, nur fragmentarisch erhaltenen Werk ‚Geschichte' setzt sich Sallust noch einmal wertend mit der Entwicklung des römischen Staates auseinander.

Sallust, Historiae I. Fragmente aus dem Vorwort

Für uns Römer ergaben sich die ersten Auseinandersetzungen aus der fehlerhaften Veranlagung des menschlichen Geistes *(vitium humani ingeni):* er ist immer unruhig und unbezähmbar und lebt im Kampf um Freiheit *(libertas)* oder Ruhm *(gloria)* oder Macht *(dominatio)*. [Fr. 7].

Der römische Staat besaß die größte Macht *(imperium)* im Jahr 51, als ganz Gallien diesseits des Rheins und zwischen Mittelmeer und Ozean, abgesehen von einigen durch Sümpfe unwegsamen Gegenden, bezwungen war. Die beste Gesittung *(mores)* aber und die größte Eintracht *(concordia)* besaß er zwischen dem zweiten und dem letzten Krieg gegen Karthago (201–149). Aber Uneinigkeit *(discordia),* Habgier *(avaritia),* Versessenheit auf öffentliche Ämter *(ambitio)* und die übrigen in Glückszeiten gewöhnlich auftretenden Übel vermehrten sich nach dem Untergang Karthagos *(146)* ganz besonders. Denn Rechtsverletzungen der Machthaber *(iniuriae validiorum)* und daraufhin die Trennung *(discessio)* der Plebs von den Patriziern und andere innenpolitische Auseinandersetzungen gab es schon von Anfang an. Nur bis kurz nach Vertreibung der Könige lebte man unter einem ausgeglichenen und gemäßigten Recht – so lange, bis die Angst vor Tarquinius (Superbus) und der drükkende Krieg mit Etrurien beigelegt waren. Dann übten die Patrizier über die Plebejer eine Herrschaft wie über Sklaven *(servile imperium)* aus, beschlossen wie Tyrannen über Leben oder über Leibesstrafen, vertrieben sie von Grund und Boden und besaßen als einzige die Machtbefugnisse *(imperium),* während alle übrigen davon ausgeschlossen waren. Die Plebs wurde durch diese maßlosen Rechtsverletzungen und besonders durch ihre hohe Verschuldung gedrückt, hatte aber gleichzeitig die Finanzlasten für die dauernden Kriege und den Kriegsdienst zu tragen. Da bewaffnete sie sich, besetzte den Mons Sacer und den Aventin und verschaffte sich die Volkstribunen und andere Rechte. Das Ende der Uneinigkeit und des Kampfes auf beiden Seiten war der II. Punische Krieg. [Fr. 11] ... Als die Furcht vor Karthago *(146)* beseitigt war und man Gelegenheit hatte, Streitigkeiten auszutragen, entstanden Wirren und Aufstände in großer Zahl und schließlich Bürgerkriege. Dabei suchte eine kleine Gruppe von Mächtigen *(pauci potentes)*, unter deren Einfluß *(gratia)* sich die meisten begeben hatten, unter dem ehrenhaften Anschein, für Senat oder Volk zu handeln, die absolute Herrschaft *(dominationes)*. Und ‚guter' oder ‚schlechter Bürger' hießen sie nicht wegen ihrer Verdienste für den Staat – denn alle waren sie in gleicher Weise korrumpiert –, sondern je reicher und – durch Unrecht – überlegener einer war, desto eher sah man ihn als guten Bürger an, (einfach) weil er seine gegenwärtige Stellung verteidigte. [Fr. 12] ...

Die Ehre aller Parteien war zur Ware entartet. [Fr. 13] ... Und es kehrte die Gewohnheit *(mos)* des einstigen ungeordneten Lebens wieder: alles Recht lag in der brutalen Gewalt. [Fr. 18]

Kapitel 12/13

A 1

Welche gesellschaftlichen Vorgänge meint S. mit der Formulierung: *„divitiae honori esse coepere"?*

A 2

a) Erklären Sie *„innocentia pro malevolentia duci coepit"* (§ 1) unter Berücksichtigung der Etymologie und Bedeutungsbreite der Begriffe (Lexikon), des Kontextes und paralleler Stellen (3,2; 54,6).

* b) Erklären Sie nach derselben Methode die Bedeutung von *superbia* (§ 2; vgl. 2,5; 6,7; 10,4; ggf. 19,4; 51,14 u. 37). Welcher Zusammenhang besteht zwischen *luxuria, avaritia* und *superbia?*

A 3

Durch Wiederholung (12,2/13,4–5 und 12,3–4/13,1–2) hebt S. zwei Bereiche, in denen er die neue Entwicklung wirken sieht, hervor. Welche sind es? Welchen Zusammenhang sehen Sie zwischen diesen Bereichen und dem Hauptthema Catilina? Vgl. H 1.

A 4

a) Prüfen Sie die der *iuventus* – in Rom war allerdings der Enddreißiger noch *iuvenis!* – angelasteter Fehler. Welche Vorwürfe trafen für diese Altersgruppe wohl am wahrscheinlichsten zu?

* b) Vergleichen Sie dies jeweils mit der idealisierten Schilderung des frühen Rom (Kap. 6,7,9).

A 5

Erörtern Sie die in Z 1 gezeigte Theorie: Inwiefern könnte sie über die im ‚Catilina' gegebene Darstellung hinausführen?

H 1

In der sullanischen und nachsullanischen Zeit sind nicht wenige kultische und profane Riesenbauten nachweisbar, besonders die unter Sulla erbaute gewaltige Anlage des Tempels der Fortuna Primigenia in Praeneste, die weitaus größer war als die heutige Kleinstadt Palestrina.

(s. → Kähler Tafel 44–46, Erläuterungen S. 80ff. – Vgl. auch die Abb. zur Stelle im Textband.)

Z 1

Im folgenden Text wird eine Theorie entwickelt, die einen Zusammenhang zwischen plötzlichem Wohlstand einer Gesellschaft und ihrer psychischen Reaktion darauf herstellt.

A. und M. Mitscherlich, Die Unfähigkeit zu trauern. München (Piper) 1967, S. 179f:

Am Eindruck eines Sittenverfalls ist jedoch auch eine optische Täuschung beteiligt. Einer stetig wachsenden Zahl von Menschen werden Befriedigungsmöglichkeiten zugänglich, die ihnen bisher verschlossen waren. Das Angebot ist bunt und verlangt von ihnen Unterscheidungsvermögen. Aber gerade diese Urteilsselbständigkeit haben sie nie entwickelt, weil niemand in ihrer Umwelt zuvor je in ähnlicher Lage war. Die sprunghafte Vermehrung der Süchtigkeit verschiedener Art in unserer Gesellschaft ... zeigt diese relative Schutzlosigkeit des Individuums gegen Wohlstandsformen an, in denen die Entsagung nunmehr weniger von der Not diktiert wird, als sie von der Vernunft zu leisten ist. Es geht also nicht um Sittenverfall, sondern primär um neue Kollektivanpassungen an die Fremdwelt der Großzivilisation, und dies geschieht nicht nur „vernünftig" mit Ich-Funktionen kritischer Art (Voraussicht, Selbstkontrolle, Einfühlung etc.), sondern ebenso mit jenen anderen (infantilen) Ich-Leistungen, welche wir „Abwehrmechanismen" gegen die Unlust aus Triebversagungen und Einschränkungen aus der sozialen Realität nennen: Verdrängung, Projektion etc.
(...)
Wie in allen Zeitaltern vor dem unsrigen genießen es die Menschen, mit Hilfe von Rauschmitteln sich über die Einschränkungen und Verbote ihrer eigenen Gesellschaft hinwegzusetzen, sich entschädigen zu können. Der Überfluß dieser Möglichkeiten ist das Neue an der Lage, in der sehr viel Unlust erzeugt wird.

Kapitel 6–13

Zusammenfassende Aufgaben

A 1

Erörtern Sie die Aussagen Sallusts
– zum Verhalten der Römer gegenüber den ‚socii'
– zum militärischen Bereich
– zum Wandel der öffentlichen Moral und Religion
– zur Haltung beträchtlicher Teile der adligen Jugend
– zum Wirken von *ambitio, avaritia, luxuria, superbia*
vor dem Hintergrund einer modernen Darstellung des Zeitabschnitts von den Punischen Kriegen bis zum Ende der Republik (vgl. Z 2).
(ausführlicher: → Alföldy, 52–82 oder, z. B., → Brockmeyer, 81–103.)

A 2

a) Verschaffen Sie sich einen Überblick über Sallusts ‚moralische Geschichte Roms'
– anhand der Hauptbegriffe zu Stabilität und Gefährdung des jungen römischen Staates (Kap. 6; 7 ; 9; vgl. ggf. 6 A 4, 7 A 1 und 2, 9 A 2 a)
– anhand der Erwägungen zu *ambitio, gloria* (vgl. ggf. 10 A 4 a), *lubido, cupido, superbia* (Kap. 10; 12; 13; ggf. 12/13 A 2 b).
Was bezweckt S. mit diesem Exkurs? – Vergleichen Sie auch den Rahmen des Exkurses (5,8–9; 14,1).
b) Erörtern Sie abschließend, ob S. irgendwo den Versuch macht, aus der Erkenntnis des Verfalls Wege zur Umkehr zum idealisierten Rom der frühen Republik zu weisen.

* A 3

Untersuchen Sie mit Hilfe von Z 1, welcher Ebene ethischer Normen die von S. beschriebenen Veränderungen der römischen Gesellschaft (Kap. 10–13) jeweils zuzuweisen sind.

Z 1

Der folgende Text gibt einen Versuch wieder, innerhalb der menschlichen Normen und Wertvorstellungen eine grundlegende Einteilung vorzunehmen.
Gerhard Szczesny, Das sogenannte Gute, Reinbek b. Hamburg (Rowohlt) 1971, S. 89:

Die Mitglieder einer Gesellschaft – welche verschiedenen Glaubensüberzeugungen und Lebensweisen sie sonst trennen sollten – werden zusammengehalten von einem kodifizierbaren Minimalkatalog individual- und sozialethischer Normen ... Bei diesen Basiswerten hat man einen quantitativ kleinen Bestand von „absoluten“, in der Natur des Menschen begründeten und einen quantitativ großen Bestand von „relativen“, von Kultur zu Kultur und Entwicklungsstufe zu Entwicklungsstufe wechselnden Werten zu unterscheiden. Zu den absoluten Werten, die zum Bios[1] des Menschen gehören und Geltung haben, seitdem es Lebewesen gibt, gehören alle Gebote, die sich auf die Erhaltung des eigenen Lebens und die Erhaltung des Lebens der unmittelbar Nächsten beziehen – zu den relativen, kultur- und zeitbedingten, also dem ständigen Wandel unterworfenen Normen gehören fast alle Konventionen, die beispielsweise die Eigentums-, die Sexual-, die Sozialordnung betreffen. Bei diesen Normen handelt es sich um das gemeinsame Erbe an Traditionen und Konventionen, das alle Mitglieder einer Gesellschaft übernehmen und von dem sie sich in dieser oder jener Hinsicht habituell oder intellektuell absetzen, aber im ganzen doch nicht lösen können.

[1] (griech.:) Leben

Z 2

Ein Beispiel dafür, wie sich die Entwicklung von Staat und Gesellschaft Roms nach den Punischen Kriegen der modernen Geschichtswissenschaft darstellt:
→ **G. Alföldy, Römische Sozialgeschichte,** S. 53f:

Völlig neu war die Lage schließlich insofern, als die römische Gesellschaft seit dem 2. Jahrhundert v. Chr. auch nicht mehr über die unzerreißbaren Bande verfügte, die die einander gegenüberstehenden sozialen Schichten hätten fest zusammenhalten können. Diese Bande ergaben sich früher einerseits aus dem stabilen politischen System mit den senatorischen Magistraturen, dem Senat und der Volksversammlung, das die uneingeschränkte Herrschaft des Adels garantieren konnte, um so mehr, als dieser in den Bauern zumindest für seine außenpolitischen Ziele Bündnispartner fand. Andererseits war der Zusammenhalt der römischen Gesellschaft früher durch die Normen garantiert, die auf einer vom traditionsbewußten Adel geprägten Religion und Ethik basierten und die Verhaltensweisen der Massen der Bürger, und ganz selbstverständlich des Adels, entsprechend den Regeln des *mos maiorum* bestimmten. Seit dem zweiten Punischen Krieg und der anschließenden Expansion Roms im Mittelmeerraum hatten sich diese Bande erheblich gelockert und drohten nun zu reißen. Nachdem die Aristokratie sich nicht mehr wie im Zeitalter der beiden ersten Punischen Kriege auf die Masse des Bauerntums stützen konnte, geriet das frühere politische System ins Schwanken: *coepere nobilitas dignitatem, populus libertatem in lubidinem vertere, sibi quisque ducere, trahere, rapere* (Sall. Iug. 41,5). Zugleich wurde dieses alte politische System im Zeitalter der Expansion auch völlig anachronistisch: Es war noch immer ein Herrschafts- und Regierungssystem, das ursprünglich für einen Stadtstaat entworfen worden war und nun praktisch in unveränderter Form ein Weltreich hätte zusammenhalten sollen, was auf die Dauer unmöglich war. Vor allem die offensichtlichen Mängel in der Verwaltung der Provinzen, die eigentlich gar nicht verwaltet, nur ausgebeutet wurden, zeigten das deutlich.

Aber auch die geistigen Grundlagen des römischen Staates waren immer mehr erschüttert: Nicht nur Hannibal, sondern auch die besiegten Griechen übten späte Rache an Rom, indem die römische Expansion und vor allem der geistige Einfluß des unterworfenen Griechentums zwangsläufig zum Zerfall der alten Normen führen mußten. ... Altrömische Wertvorstellungen über Pflichterfüllung, Tapferkeit, Gerechtigkeit oder Großzügigkeit, die unter den Verhältnissen einer archaischen Gesellschaftsordnung entstanden waren, mußten in einer Epoche des zunehmenden Imperialismus und der starken Umschichtung der römischen Gesellschaft als überholt erscheinen. Zugleich begegnete Rom in den eroberten Ländern, vor allem in Griechenland, religiösen und philosophischen Ideen mit einem Inhalt, der dem *mos maiorum* vielfach widersprach. Für die meisten sozialen Schichten der umgewandelten Gesellschaft bedeutete der *mos maiorum* von vornherein so gut wie nichts, nämlich vielen kommerziell denkenden Neureichen, den verzweifelten Proletariern, geschweige denn der unterdrückten Bevölkerung in Italien und in den Provinzen und vor allem den Sklaven, die zumeist fremder Herkunft waren und von den Römern höchstens zu Gehorsam erzogen wurden.

Kapitel 14/15

A 1
In Kap. 14 werden zum ersten Male Anhänger Catilinas vorgestellt. Unterscheiden Sie diese verschiedenen Gruppen und ihre Motive. Stellen Sie sie in einer Tabelle zusammen, die Sie während der folgenden Kapitel vervollständigen können.

A 2
Warum fällt besonders die Jugend Catilina zu? Vergleichen Sie auch seine Charakteristik in Kap. 5.

A 3
Erläutern Sie Bedeutung und stilistische Wirkung der folgenden Formulierungen: *„nam quicumque – conflaverat“* und *„quos manus – alebat“* (14,2/3).

A 4
Der Bericht Kap. 15 stellt einen Nachtrag zur ersten Charakteristik Catilinas (Kap. 5) dar:
a) Welche Punkte ergänzt er?
b) Wie glaubwürdig erscheint Ihnen die Darstellung des Verhaltens Catilinas in §§ 4f?
c) Was bezweckt S. mit dieser Darstellung? Versuchen Sie auch zu erklären, warum er diesen Teil der Charakteristik von Kap. 5 getrennt und hier eingeschoben hat.

* **A 5**
Abweichend von unserer Stelle (15,4) bedeutet *conscientia* seit Cicero (‚De re publica‘) und Senecas philosophischen Schriften, aber vor allem in der christlichen Literatur ‚Gewissen‘. Versuchen Sie, die Begriffsentwicklung zu rekonstruieren.

A 6
Als politisch exponierte Person war auch Catilina städtischem Klatsch ausgesetzt. Wie setzt S. sich mit diesem auseinander? (14,7–15)

Kapitel 16

A 1
S. kehrt noch einmal zum Thema der Jugend, die an der Verschwörung beteiligt ist, zurück. Was bezweckt er mit dieser Wiederaufnahme?

A 2
Wie entwickelt sich die Taktik Catilinas, die jungen Freunde zu einer Verschwörergruppe zu vereinen und sie an sich zu binden?

A 3

Auf welche Fakten und Erwartungen gründet Catilina im Jahr 64 seine verschwörerischen Pläne?

Stellen Sie Ihre Beobachtungen zusammen und unterscheiden Sie dabei politische, ökonomische und im allgemeineren Sinne gesellschaftliche Faktoren.

A 4

Ergänzen Sie Ihre Zusammenstellung der Anhänger Catilinas (vgl. 14 A 1) um die hier genannte Gruppe.

Kapitel 17

A 1

a) Stellen Sie die in Kap. 17 vorgeführten Gruppen von Verschwörern fest.

b) Erfassen Sie auch die Motive, die Catilina bei diesen Gruppen ansprechen kann (vgl. die Einzelerläuterungen).

A 2

Welche Rolle spielt Crassus in der Verschwörung, und welche Bedeutung hat Pompejus in diesem Zusammenhang? (Vgl.: Einleitung, Textband S. 4ff).

A 3

a) Stellen Sie nun (tabellarisch) alle genannten Verschwörergruppen (Kap 14–17) und ihre jeweiligen Motive zusammen. (Vgl. 14 A 1, 16 A 4, 17 A 1.)

b) Wodurch unterscheiden sich die Verschwörer, die sich Anfang Juni 64 bei Catilina treffen (17,1), von den früher beschriebenen Anhängern Catilinas (Kap. 14 und 16)?

c) Vergleichen Sie die Motive der Mitverschwörer mit Catilinas eigenen (5,6; 16,4–5) sowie denen des Crassus (17,7): Wieweit sind sie untereinander vereinbar?

* **A 4**

Vergleichen Sie die Gruppierung und Charakterisierung der Catilinarier, die Cicero gibt (Z 1):

a) Wieweit entsprechen sich die Gruppen und ihre Motive bei den beiden Autoren?

b) Welche Unterschiede in Darstellung und Stil lassen sich erkennen? Versuchen Sie, sie zu erklären.

Z 1

Nachdem der Anschlag der Catilinarier auf Cicero am frühen Morgen des 7. oder 8. Dezember mißglückt war, konnte Cicero in der Senatssitzung des folgenden Tages, zu der Catilina unverfroren erschienen war, die Verschwörung aufdecken und Catilina zu überstürzter Flucht aus Rom veranlassen. Am folgenden Tage berichtete er darüber auch dem Volk und gab u. a. eine Schilderung des Verschwörerkreises.

M. Tullius Cicero, In L. Catilinam oratio II 18–23:

(18) „Der erste Typ von Verschwörern sind die, die unter schweren Schulden ächzen, aber noch größere Besitzungen haben, die sie so lieben, daß sie sich davon auf keine Weise trennen können. Dieser Typ ist noch am ehrenhaftesten – denn sie haben Landbesitz –, aber ihre Ziele und Motive sind ganz unverschämt ...

(19) Der zweite Typ sind die, die unter Schulden ächzen, jedoch auf Macht hoffen, die Regierung übernehmen wollen und meinen, sie könnten durch einen Putsch Ämter bekommen, auf die sie unter geordneten politischen Verhältnissen keine Aussicht hätten ...

(20) Der dritte Typ sind die schon Gealterten, aber durch Übung Robusten. Zu ihnen gehört Manlius, dem jetzt Catilina nachrückt. Das sind Menschen aus den Neuansiedlungen, die Sulla gegründet hat. Ich bin überzeugt, daß in den Neuansiedlungen sehr ordentliche und tapfere Bürger wohnen. Und dennoch sind es die Neusiedler, die sich in dem unverhofften und überraschenden Reichtum allzu verschwenderisch und anmaßend aufgeführt

haben. Während sie bauten, als ob sie vom Glück gesegnet wären, während sie exquisite Landgüter, große Sklavenscharen und luxuriöse Gelage genossen, waren sie in solche Schulden geraten, daß sie Sulla hätten aus der Unterwelt rufen müssen, wenn sie sich vor dem Ruin bewahren wollten. Sie haben sogar eine beträchtliche Zahl armer und bedürftiger Bauern zu derselben Hoffnung auf Raubzüge wie einst verleitet ...

(21) Der vierte Typ ist sehr bunt und gemischt und wirr: Leute, die schon seit langem gedrückt sind, die niemals festes Land gewinnen, die teils durch Trägheit, teils durch schlechte Geschäftsführung, teils auch durch kostspielige Tilgung alter Schulden den festen Boden verloren haben, Leute, die durch Bürgschaften, Prozesse, Güterkonfiskationen erschöpft sind – sie sollen sich in großer Zahl aus der Stadt Rom und vom Land in Catilinas Lager begeben haben. Diese Menschen halte ich nicht für tapfere Soldaten, sondern eher für faule und zahlungsunwillige Schuldner. Wenn sie sich finanziell nicht halten können, sollen sie so bald wie möglich bankrott gehen, doch so, daß nicht die gesamte Bürgerschaft, ja nicht einmal die nächsten Nachbarn darunter leiden ...

(22) Der fünfte Typ sind die Mörder, Banditen und alle sonstigen Verbrecher. Die rufe ich nicht von Catilina zurück. Denn sie lassen sich nicht von ihm losreißen, und sie sollen als Räuber umkommen. Denn es sind ja so viele, daß das Gefängnis sie nicht fassen könnte. Der letzte Typ ist nach Zahl, Herkunft und Lebensweise der eigentliche Kreis Catilinas und kommt aus seiner Auswahl, man könnte sagen: aus seinen Armen und aus seinem Herzen. Die seht ihr mit gestriegelten Haaren, herausgeputzt, bartlos oder mit gepflegtem Bart, mit langärmeligen oder bis auf die Füße reichenden Tuniken, in Togen gekleidet, die eher schon Segel zu nennen sind. Ihre ganze Lebensenergie *(industria vitae)* und ihre Kraft für die Arbeit des Tages *(vigilandi labor)* kommt nur in Gelagen zum Vorschein, die bis zum Morgen andauern.

(23) In diesen Banden verkehren alle Glücksspieler, alle Ehebrecher, alle Schmutzigen und Schamlosen. Diese feinen und verwöhnten Knaben *(pueri lepidi ac delicati; ‚pueri delicati' heißt auch: ‚Lustknaben')* haben nicht nur gelernt, zu lieben und sich lieben zu lassen, Pantomime zu tanzen und Arien zu singen, sondern auch Dolche zu schwingen und Gift zu verspritzen. Wenn diese Leute nicht die Stadt verlassen oder umkommen, dann sollt ihr wissen, daß auch im Fall von Catilinas Tod aus ihnen neue Catilinas hervorgehen werden."

* Kapitel 18/19

A 1

Sallust bezeichnet den Kreis der Verschwörer von 66/65 als klein. Welche Motive hatten damals die Beteiligten, welches waren insbesondere die Ziele des Crassus? (Vgl. H 1.)

A 2

Sehen Sie eine Beziehung zu Kap. 17? Welchen Zweck könnte Sallust damit verfolgen, daß er den historischen Rückblick gerade an dieser Stelle einschiebt?

A 3

a) Sallust mußte die Vorgänge dieser Verschwörung rekonstruieren. Stellen Sie die Formulierungen zusammen, in denen die Schwierigkeit dieses Verfahrens anklingt.

b) Vergleichen Sie auch mit 4,3 und 14,7 (dazu 14/15 A 6). Was ergibt sich?

H 1
Rückblick: Die sog. erste (Catilinarische) Verschwörung (66–65 v. Chr.)

Von einer ersten Verschwörung, an der angeblich viele Prominente beteiligt waren, u. a. der damals sehr einflußreiche M. Licinius Crassus, sprechen mehrere antike Quellen. Nach dem Scheitern dieses Putschversuches waren offenbar weite Kreise an einer Vertuschung interessiert, so daß schon den Zeitgenossen die Zusammenhänge unklar blieben. Sallust hat die ihm bekanntgewordenen Ereignisse zu einer sinnvollen Abfolge geordnet, aber er hat dabei offensichtlich die Ereignisse zweier Jahre in der Darstellung ineinandergeschoben:

Mitte 66: P. Autronius und P. Sulla (ein Neffe des Diktators) werden zu Konsuln für 65 designiert, verlieren jedoch das Amt wieder infolge einer Anklage wegen unlauterer Wahlkampfmethoden *(ambitus)*. Neuwahlen: Catilina wird zur Bewerbung nicht zugelassen, da ihm eine Anklage wegen erpresserischer Ausbeutung *(de pecuniis repetundis)* der Provinz Afrika bevorsteht. Zu Konsuln designiert werden L. Cotta und L. Torquatus.

Ende 66: Die zurückgewiesenen Konsulatskandidaten P. Autronius, P. Sulla und Catilina, ferner Cn. Piso, ein politischer Desperado, planen für den 1. Januar 65 einen Staatsstreich: Ermordung der Konsuln beim Amtsantritt, Beschlagnahme der Provinz Hispania durch Piso. C. Julius Caesar und M. Licinius Crassus sind angeblich an der Verschwörung beteiligt; hinter Pisos Plan stand vermutlich Crassus, der seinem Rivalen Pompeius das einflußreiche Oberkommando in Spanien nehmen wollte.

Anfang 65: Putschversuche am 1. Januar und am 5. Februar schlagen fehl (angeblich durch Schuld des voreiligen Catilina).

Mitte 65: Piso wird auf Betreiben des Crassus doch nach Spanien geschickt, aber dort von Leuten des Pompeius ermordet.

Kapitel 20

A 1
Zu §§ 2–4: Welche Funktion hat dieser erste Teil der Rede? Belegen Sie Ihre Aussagen aus dem Text.

A 2
a) Zum Hauptteil der Rede *(§§ 5–17)*: Ziel Catilinas ist das Erringen der *libertas*. Erläutern Sie, wie dieser Begriff im Zusammenhang der Rede definiert wird.

b) Wer sind nach S. die Gegner der *libertas?*

A 3
Welche weiteren politischen Ziele und Perspektiven für die Zukunft entwickelt Catilina? Ziehen Sie die hierfür wichtigsten Aussagen heraus.

A 4
a) Beobachten Sie, wie Catilina die Stilformen (Darstellung, Appell) verwendet. Welche Argumentationsmethode läßt sich erkennen?

b) Wie tritt Catilina den Zuhörern entgegen? Beschreiben Sie die Verwendung der Personalpronomina *ego, nos* und *vos.*

* c) Suchen Sie Stellen, an denen sich rhetorische Stellungs- und Klangfiguren häufen (vgl. Textband S. 11ff). Was beabsichtigt Catilina damit?

* **A 5**
Welche Formulierungen Catilinas wären auch in der Rede eines Beamten (Amtsbewerbers, Volkstribunen) vor einer Volksversammlung, welche in der Rede eines Feldherrn an die Soldaten vor der Schlacht denkbar? (Vgl. H 1) – Wie erklären Sie Ihre Beobachtungen hierzu?

A 6
Gr Vergleichen Sie Catilinas Darstellung der politischen und sozialen Hintergründe mit Sallusts eigener Einschätzung (Kap. 11–13). Berücksichtigen Sie auch H 2.

A 7

Führen Sie sich die Charakteristik des Sprechers (Kap. 5 u. 15), den Zuhörerkreis (Kap. 17; 20,1), den Stil der Rede und die Szenerie der Versammlung (20,1) vor Augen und erörtern Sie vor diesem Hintergrund

a) die Berechtigung ihrer Forderung nach Freiheit,

b) die Angemessenheit der Darstellung dieser Gruppe durch Catilina (§ 7/8),

c) Catilinas Gebrauch von ‚*virtus*' und ‚*fides*' (§ 2/3).

*** A 8**

R Das Schlagwort des Kampfes gegen die machtvollen Einzelpersönlichkeiten und die Adelsclique, die ‚*pauci potentes*', beherrschte die letzten Jahrzehnte der Republik. Suchen Sie für diese Zeit Beispiele von Konzentration der Macht in den Händen weniger Machthaber und beschreiben Sie deren Methode, eine schlagkräftige Anhängerschaft zu gewinnen.

(→ Lexikon der Alten Welt, Stichwort ‚Römische Geschichte', Abschnitt D; → Bengtson 178–247; → Alföldy 65–82)

H 1

In der öffentlichen Rede hatten sich entsprechend den verschiedenen Anlässen mehrere Gattungen herausgebildet, die sich durch Stil und Argumentationsweise, Begriffe und Topoi und die Art ihres Appells an die Zuhörer unterscheiden: die Rede im Senat, die Reden der Beamten und Volkstribunen in der Volksversammlung, die des Anwalts vor Gericht.

Typisch für die Reden in der Volksversammlung waren z. B. die politischen Schlagworte, das Ansprechen der Emotionen, der Appell an die Entrechteten und Unterdrückten.

In der Feldherrnrede kam es weniger auf taktische Instruktionen als auf den Aufruf zur Tapferkeit in der Entscheidungssituation an.

H 2

Mit *orationem huiusce modi habuit* deutet Sallust an, daß er nicht den authentischen Wortlaut der Rede Catilinas wiedergibt. Genaue Konzepte oder Nachschriften der in historisch entscheidenden Situationen gehaltenen Reden standen den antiken Historikern nur selten zur Verfügung. Sie waren daher auf Augenzeugenberichte angewiesen; geheime Sitzungen wie diese Verschwörerversammlung mußten wohl weitgehend aus den Zeitumständen rekonstruiert werden und zeigen unvermeidlich die ‚Handschrift' des Historikers. Aber auch wo dieser amtliche Dokumente einsehen konnte, kürzte er sie auf das Wesentliche und formte sie stilistisch um. Denn da Geschichtswerke als Literatur galten, mußten die Reden dem Stil der Darstellung angeglichen werden, damit das ganze Werk eine künstlerische Einheit bilden konnte. Den Stil des Sprechenden nachzubilden war nur in geringem Maße Absicht des Historikers, ihm kam es auf die handlungsentscheidenden Argumente an.

Kapitel 21

A 1

Analysieren Sie die Reaktion der Zuhörer (21,1): Welche Rückschlüsse auf die Wirkung der bisherigen Rede legt ihr Verhalten nahe? Erklären Sie auch den Ausdruck *quieta movere*.

A 2

Der zweite Teil der Rede Catilinas (21,2 ff) ist stilistisch vom ersten (Kap. 20, direkte Rede!) deutlich abgehoben. Entspricht diesem Stilwechsel auch ein Wechsel im Inhaltlichen?

A 3

a) Gliedern Sie die Ausführungen Catilinas: läßt sich eindeutig bestimmen, welchen Weg zur Macht er in diesem Stadium der Verschwörung plante? Ziehen Sie H 1 heran sowie Ihre Überlegungen zu 20 A 5.

b) Der zeitgenössische Leser dieser Monographie wußte, daß Piso etwa zu der gleichen Zeit ermordet wurde, als Catilina die Verschwörer zu sich gerufen hatte (vgl. 19,3ff). Welches Licht fällt dadurch auf Catilinas Pläne? Können Sie aufgrund Ihrer Kenntnis vom Ausgang der Verschwörung andere Stellen in Kap. 20/21 zeigen, an denen sich Catilina in ähnlicher Weise irrte?

A 4

Herbert Marcuse (Ethik und Revolution, in: Kultur und Gesellschaft 2, edition suhrkamp 135, S. 131): „Unter Revolution verstehe ich den Sturz einer rechtmäßig etablierten Regierung und Verfassung durch eine soziale Klasse oder Bewegung, deren Ziel es ist, die gesellschaftliche wie die politische Struktur zu verändern." Beabsichtigt Catilina eine Revolution in diesem Sinne?

* **A 5**

a) Was hat die Einlage dieser Rede zur Darstellung der Verschwörung beigetragen? (Vgl. 20 H 2)

b) Sallust wertet nirgends ausdrücklich Catilinas Ausführungen. Wie ist es dem Leser trotzdem möglich, Sallusts jeweilige Einstellung zu Catilinas Aussagen zu erschließen? (Vgl. hierzu ggf. 20 A 7; 21 A 3 b).

c) Charakterisieren Sie – ausgehend von Stellung und Funktion der Catilinarede im Rahmen der ‚coniuratio' – die Rolle eingelegter fiktiver Rede als Darstellungsmittel der Geschichtsschreibung.

H 1

Zu den ‚tabulae novae' (21,2):

Auf *tabulae* wurden Verträge und Geschäftsabschlüsse jeder Art, Einnahmen, Ausgaben und Kredite bzw. Schulden verzeichnet. Die Anlage neuer Verzeichnisse bedeutete demnach die vollständige oder teilweise Löschung alter Schulden oder sonstiger Verbindlichkeiten. Seit den Reformen des attischen Staatsmannes Solon (6. Jh.) wurde dieses Verfahren mehrfach in politischen Krisenzeiten angewendet, um ins Elend geratene Bevölkerungsschichten, insbesondere Ackerbauern, wirtschaftlich zu sanieren. Auch im Rom der hohen und späten Republik gab es keine anderen Mittel umfassender staatlicher Wirtschaftshilfe als Schuldentilgung und Gründung von Bürgersiedlungen *(coloniae)* in Italien und den Provinzen. Seit den Reformplänen der Gracchen galt jedoch der Ruf nach *tabulae novae* als Mittel popularer Demagogie, doch mußte selbst der Senat in Krisenzeiten zum Mittel der Schuldentilgung greifen. – Die *„proscriptiones locupletium"* und *„rapinae"* sollen an das brutale Vorgehen des P. Cornelius Sulla nach seinem Sieg 81 v. Chr. erinnern. Dagegen entsprach es der Politik der Optimaten ebenso wie der der Popularen, die staatlichen Ämter und die politisch ebenfalls einflußreichen Priesterämter *(sacerdotia)* der eigenen Gefolgschaft *(partes)* zuzuschanzen.

Kapitel 22

A 1

Sallust bezeichnet die Gerüchte über den Bluteid der Catilinarier als nicht ausreichend verbürgt. Worin besteht die *„magnitudo"* (22,4) dieser Gerüchte, und wird deutlich, wann sie entstanden?

A 2

Trotz seines Vorbehalts berichtet S. diese Angelegenheit ausführlich. Welche Absichten verfolgt er wohl dabei? (Vgl. Kap. 14,7).

Kapitel 23/24

A 1

a) Wie sind Curius und Fulvia charakterisiert? In welche der in den Kapiteln 14, 16, 17 aufgeführten Gruppen von Verschwörern läßt Curius sich einordnen? (Benutzen Sie ggf. Ihre Tabelle, vgl. 17 A 3.)

b) Welches Licht fällt von diesem Abschnitt (Kap. 23) aus auf Catilinas Verschwörerrede, und wie stellen sich die von ihm erhofften Ziele (vgl. Kap. 20/21) dar?

A 2

a) Wie kommt es nach der Darstellung Sallusts zur Wahl Ciceros? Welche Rolle spielt dabei Cicero selbst? Dazu H 1.

* **A 3**

R a) Berichten Sie – evtl. arbeitsteilig – über Ciceros Herkunft, Ausbildung und politische Laufbahn bis zum Konsulat.

(M. Gelzer, Cicero. Steiner, Wiesbaden 1969, S. 1–70; → Giebel S. 7–41).

b) S. verzichtet auf eine Schilderung der Machenschaften vor der Wahl (vgl. H 2). Analysieren Sie seine Darstellung des Verlaufs der Ereignisse (Kap. 23,5–24,1) und begründen Sie diesen Verzicht.

* **A 4**

Der Begriff *invidia* wird, abgesehen von den Stellen 6,3 und 22,3, wo er in anderem Sachzusammenhang steht, hier zuerst verwendet. Erläutern Sie ihn aus dem Zusammenhang dieser Stelle und erklären Sie seinen politischen und historischen Hintergrund (vgl. H 1 und H 2).

A 5

Erklären Sie, warum die Verschwörer vom Wahlausgang erschüttert sind. Vgl. Kap. 21.

A 6

a) Welche Gruppen werden nunmehr für die Verschwörung gewonnen und mit welchem Zweck?

* b) Überlegen Sie, welche Schichten Catilina nicht angesprochen hat. Läßt sich ein Grund dafür vermuten? (Vergleichen Sie mit Catilinas Rede Kap. 20).

H 1

Als ‚homo novus‘ (23,6) wurde bezeichnet, wer als erster seiner Familie zu höheren Ämtern, insbesondere zum Konsulat, aufstieg und sich dann als Senator der Nobilität zurechnen konnte. In den Ständekämpfen des 4. und 3. Jahrhunderts waren Regelungen erreicht worden, wonach die wichtigsten Staatsämter sowohl mit Patriziern, d. h. Angehörigen des alten Standesadels, als auch Plebejern, d. h. Bürgern aus niederem Stand und mit minderem Recht, besetzt werden mußten. Da sich aus diesen Amtsträgern der Senat zusammensetzte und die Mitgliedschaft auf Lebenszeit bestand, konnte sich aus den Familien der patrizischen und plebejischen Beamten gegen Ende des 3. Jahrhunderts, besonders als Folge der Aufgaben des 2. Punischen Krieges, ein neuer Stand, eine Art Amtsadel bilden: die ‚Nobilität‘. Sie schloß sich schon nach kurzer Zeit so wirkungsvoll gegen Erweiterung, insbesondere aus dem z. T. sehr wohlhabenden Ritterstand, ab, daß in den 300 Jahren der Republik vom Ausgang der Ständekämpfe (367 v. Chr. Konsulatsgesetze) bis in Ciceros Zeit von 600 möglichen Konsulaten nur 15 von *homines novi* besetzt wurden.

Einer der bedeutendsten *homines novi* war M. Porcius Cato der Zensor, ein anderer C. Marius.

H 2

Sallust berichtet fast nichts über den turbulenten **Wahlkampf des Jahres 64.** Cicero selbst erzählt, daß C. Antonius und Catilina, die beide aus der Nobilität stammten, ein Wahlbündnis geschlossen hatten und ihren Stimmenfang so skrupellos betrieben, daß Cicero mit seinen Angriffen auf die vornehmen Gegner offensichtlich die Zustimmung der Öffentlichkeit fand. Cicero erhielt daraufhin die meisten Wahlstimmen. Antonius siegte nur knapp über den damals noch sehr angesehenen Catilina.

Kapitel 25

A 1

a) Entwerfen Sie selbst eine kurze Charakteristik der Sempronia.

b) In welcher Weise sind Gliederung, sprachliche und stilistische Mittel für die Charakterschilderung eingesetzt?

R c) Informieren Sie sich kurz über das römische Bildungswesen und besonders die Ausbildung der römischen Mädchen.

(→ Res Romanae, 27–29, 121–132; Lex. z. Antike, Stichwörter: Bildung, Erziehung, Schulen)

A 2

a) Stellen Sie Ähnlichkeiten und Unterschiede zu den Charakteristiken der Orestilla (Kap. 15) und Fulvia (Kap. 23) heraus.

* b) Vergleichen Sie – unter Berücksichtigung der Textart – das Bild der Sempronia mit einem anderen Frauenbild: Z 1.

c) Welche von S. negativ oder ambivalent gewerteten Züge Sempronias beurteilen Sie aus heutiger Sicht evtl. positiver? Warum?

* **A 3**

Sempronia hat für den weiteren Verlauf keine wesentliche Funktion (sie wird nur noch einmal (40,5) erwähnt, weil sie ihr Haus den Verschwörern zur Verfügung stellte). In welcher Weise hat Sallust dem Bild dieser Frau weitergehende Bedeutung zugemessen? Vgl. Sie hierzu die Charakteristik Catilinas (Kap. 5,1–8) und ggf. (wenn 12/13 A 2b bearbeitet wurde) die tragenden Begriffe des großen Exkurses (Kap. 6–13).

* **A 4**

Wie weit deckt sich Brechts Darstellung römischer Damen (Z 2) mit der Sallusts? – Worin liegt seine gestalterische Leistung?

Z 1

Grabschrift des 2. Jhs. v. Chr. für eine Frau aus dem Patriziergeschlecht der Claudier
– CIL I^2 1211 = CIL VI 15346
(CIL = Corpus Inscriptionum Latinarum; Orthographie des 2. Jhs. v. Chr., Metrum: jambische Senare)

Hospes, quod deico paullum est, asta ac pellege.
heic est sepulcrum haud pulcrum pulcrai feminae.
nomen parentes nominarunt Claudiam.
suom mareitum corde deilexit souo.
gnatos duos creavit. horunc alterum
in terra linquit, alium sub terra locat.
sermone lepido, tum autem incessu commodo.
domum servavit. lanam fecit. dixi. abei.

Gastfreund, was ich sage, ist wenig. Bleib stehen und lies es durch. Hier ist das unschöne Grab einer schönen Frau. Mit Namen nannten sie die Eltern Claudia. Ihren Mann liebte sie von Herzen. Zwei Söhne gebar sie. Den einen läßt sie auf der Erde, den anderen birgt sie unter der Erde. Anmutig war ihr Gespräch, angenehm aber auch ihr Gang. Sie bewahrte das Haus, sie spann Wolle. Ich habe gesprochen, geh!

Z 2

Bei Brecht berichtet der Sklave Rarus in seinem Tagebuch (aus dem Jahre 63) über ein Gespräch Caesars mit einigen römischen Damen. (Sempronia wird bei Brecht nicht erwähnt.)
→ **B. Brecht, Die Geschäfte des Herrn Julius Caesar,** S. 51f:

Fulvia, sicher eine der reizvollsten Kokotten der Hauptstadt, erzählte heute sehr lustig über die Sorgen der Damen anläßlich der unsicheren politischen Lage. Obwohl in den Bädern noch Saison ist, sind alle in das heiße, staubige Rom zurückgekehrt. Sie bieten alles auf, um etwas von den Politikern über die Vorgänge hinter den Kulissen herauszuquetschen. Sie fragte C. lächelnd: „Wird er nun Konsul? Ich habe gewettet, er wird“. – „Wer?“ fragte C. – „Catilina natürlich.“ – „Setzen Sie auf alle Fälle nicht zuviel“, sagte C. langsam, „wie kommen Sie übrigens darauf?“ Sie erklärte es uns. Die jungen und weniger jugendlichen Catilinarier stehen augenblicklich hoch im Kurs. Die Mode ist: schlichte, volkstümliche Toiletten. Schmuck: ein wenig Bernstein. Keine Färbung der Fußnägel. Konversation: die Bodenfrage. Fulvia sagt: „Schließlich werden wir alle ausgebeutet, nicht?“ Ihre Freundin Fonia bleibt aber ihrem Senator treu und sagt: „Am Schluß macht doch wieder mein Dicker das Rennen. Er ist so brutal.“ (Sie ist reaktionär!) Die Losung des Tages heißt Demokratie. Cicero wird bewundert, seiner demokratischen Ideale wegen und weil er das Stadthaus des Crassus kaufen will (viereinhalb Millionen Sesterzien). Aber erst seit Catilina gilt es als schick, die Verwundeten aus dem asiatischen Krieg zu bemitleiden. Es ist bei nicht wenigen Abendgesellschaften sogar zu Sammlungen für die Kriegskrüppel gekommen. Die Tertulla hat einen Beryllschmuck (korinthische Arbeit), den sie von Pulcher, der an den asiatischen Steuerpachten beteiligt ist, bekommen hat, für die Kriegsblinden gestiftet. Sie ist dafür von zwei jungen aristokratischen Catilinariern zu einer Besichtigung der Elendsquartiere am Tiber mitgenommen worden. Einer von ihnen soll sehr hübsch sein. Natürlich bestellt alle Welt neue Toiletten, weil man auf die Schuldenstreichung durch Catilina hofft.

Kapitel 26–28

A 1

Stellen Sie Catilinas Aktionen zusammen
– von der 1. Verschwörerversammlung bis zu den Wahlen i. J. 63 (22–26,5; vgl. 18),
– von diesen Wahlen bis zur Versammlung im Haus des Laeca (26,5–28,3).

Beurteilen Sie den Erfolg der Aktionen und sammeln Sie weiterhin Stellen zum Fortgang der Verschwörung (bis 36,3).

A 2

(zu 26 b) Vergleichen Sie Catilinas Maßnahmen nach den beiden verlorenen Wahlen (24,2 ff und 26,5–27) miteinander.

A 3

(zu 27 b) Was sind Inhalt und Ziel der Verschwörerversammlung im Haus des Laeca (6./7. Nov., von S. um 1 Monat vorverlegt)? Wie erklärt sich die Wahl der Attentäter?

A 4

Stellen Sie die Maßnahmen Ciceros zusammen (Kap. 26–28). Warum geht der Konsul nicht offiziell gegen Catilina vor?

* **A 5**

Bei den von Manlius mobilisierten Gruppen in Etrurien wird zweimal Sulla erwähnt. Vergleichen Sie die Gruppen und charakterisieren Sie die Situation (vgl. Kap. 16,4).

* **A 6**

Sallust hat Catilinas Vorbereitung für das bewaffnete Losschlagen gegen den Staat (26,5 *bellum facere*) um ein Jahr vordatiert.

a) Vergleichen Sie die Tabellen, Textband S. 78 f., und suchen Sie die Anachronismen in 20–26 auf (vgl. ggf. 18/19 A 3, 21 A 3 a).

b) Vergleichen Sie (→ Syme, Sallust, S. 73): Solange der römische Politiker eine Chance hatte, zum Konsul gewählt zu werden, flüchtete er nicht in die niedere, verzweifelte Revolution. Zwei Niederlagen (in den Jahren 64 und 63; Anm. d. Hrsg.) waren notwendig, die wirklich verbürgte Verschwörung hervorzurufen, welche ein Staatsstreich in Rom, verbunden mit einer Erhebung Italiens, werden sollte.

c) In welchem Licht erscheint Catilina durch Sallusts Vordatierungen? (Vgl. auch 5,6 und 16,4.)

* **A 7**

Zu Sallusts Erzähltechnik:

a) Beschreiben Sie den Blickwechsel in der Darstellung der Aktivitäten Catilinas und Ciceros.

b) Beobachten Sie Sallusts Tempusgebrauch in Kap. 26–28: Welche Erzählformen lassen sich unterscheiden? Wie wirkt Sallusts Stil auf Sie?

* **A 8**

Vergleichen Sie Sallusts Darstellung der Lage des Staates (unter Einbezug von Kap. 24) mit Ciceros Ausführungen über Ursache und Umfang der politischen Unruhe (Z 1).

Z 1

Als Cicero am Anfang seines Konsulatsjahres 63 v. Chr. in zwei Reden ein Ackergesetz bekämpfte, das mit demagogischen Absichten eingebracht worden war, schilderte er den damaligen politischen Zustand Roms –
M. Tullius Cicero, De lege agraria 2,8:

„Ihr Bürger, ich erkenne, in welchem Zustand der Staat war, als ich ihn am 1. Januar übernommen habe: erfüllt von Unruhe und Furcht. Die Konservativen *(boni)* befürchteten jedes Unglück und jede Schwierigkeit, die Revolutionäre *(improbi)* warteten darauf. Es hieß, daß alle Putschpläne gegen den Bestand dieses Staates teils zu dieser Zeit gefaßt wurden, teils schon nach unserer Wahl zum Konsul gefaßt worden waren. Die politische Öffentlichkeit *(forum)* hatte nicht wegen eines unerhörten, neuen Schicksalsschlages ihr Vertrauen verloren, sondern durch die Verdächtigungen und Störung der Gerichte und die Aufhebung ergangener Urteile. Das Ziel waren, wie man meinte, neue Machtstellungen *(dominationes)* und außergewöhnliche Machtbefugnisse *(imperia)* – besser gesagt: die Tyrannei *(regnum)*".

Kapitel 29/30

A 1

a) Welche Kompetenzen sind gemäß Sallust mit dem *Senatus Consultum Ultimum* (SCU) verbunden? (Vgl. H 1)
b) Wie begründet S. den Beschluß an dieser Stelle?

A 2

Der Anschlag auf Cicero fand tatsächlich erst Anfang November, also nach dem hier erwähnten Senatsbeschluß statt (vgl. Textband S. 79). S. habe – so lautet eine verbreitete Theorie – diese Umstellung vorgenommen, um nahezulegen, Cicero habe aus persönlicher Furcht (infolge des Mordversuchs) das SCU beantragt. Diskutieren Sie diese Theorie, indem Sie
– die Schauplätze (27,2–28,4) überprüfen,
– den Ausdruck *ancipiti malo* (29,1) aus dem Zusammenhang erläutern.

* **A 3**

In 29,1 überliefern die Handschriften *exagitatam*, ein moderner Herausgeber setzte dafür als mutmaßliche Berichtigung (‚Konjektur') *exagitatum* ein. Welcher Unterschied ergibt sich jeweils für die Beurteilung der Vorgänge?

A 4

Woraus erklärt sich die heftige Reaktion des Senats auf den von Saenius verlesenen Brief?

a) Verfolgen Sie hierzu die Aktionen Catilinas und die Gegenmaßnahmen des Senats auf einer historischen Karte.

b) Erläutern Sie die weiteren Maßnahmen des Senats.

R c) Informieren Sie sich über die Aufstände der Jahre 90–70.
(Stichworte: Bundesgenossen, Sertorius, Spartacus; → Bengtson; → Heuß; → Christ 150ff; → Propyläen-WG (208–) 210–214; Lex. z. Antike)

H 1

Das Senatus Consultum Ultimum (SCU), das mit der Formel ‚*videant consules, ne quid detrimenti res publica capiat*' beschlossen wurde, ist ein in der späten römischen Republik entwickeltes, aber nicht kodifiziertes Notstandsrecht, das die bestehenden Gesetze vorübergehend einschränkte. Die Aufstellung von Heeren, die Kriegführung und die Hinrichtung römischer Bürger waren normalerweise nur aufgrund von Volksbeschlüssen möglich; militärisches Vorgehen gegen römische

Bürger war in der (ungeschriebenen, aber durch die politische Praxis fest verankerten) römischen Verfassung nicht vorgesehen.
Seit den gracchischen Unruhen beauftragte der Senat mehrfach, zuerst im J. 121 v. Chr. gegen C. Gracchus, alle Beamten und in erster Linie die Konsuln, alle erforderlichen Maßnahmen zur Wiederherstellung der Sicherheit des Staates in Rom und Italien zu ergreifen; der Senat verlieh ihnen damit außerordentliche militärische und zivile Vollmachten, ohne jedoch dadurch auf seine Oberhoheit zu verzichten. So stellte für den Senat das SCU in Notsituationen – mit der Beauftragung aller Beamten unter seiner Oberhoheit und der Verpflichtung zur Konsultation – gerade den Weg dar, die altrömische, aber durch Sulla entartete Einrichtung der *dictatura* mit der unumschränkten Kompetenz eines einzelnen zu vermeiden. Wie abhängig die Magistrate trotz des SCU vom Senat waren, zeigen die weiteren Ereignisse um die Catilinarier: Cicero konnte es nicht wagen, Tatverdächtige ohne konkrete Beweise und ohne Konsultation des Senats verhaften zu lassen (Kap. 31; 46).

Zum weiteren Fortgang vgl. 50 H 1.

Kapitel 31/32

A 1
Eine Verschwörung dringt ihrem Wesen nach zunächst auf Geheimhaltung. Überprüfen Sie die Kap. 29–31,3 (ferner Kap. 23) unter dem Gesichtspunkt:
Was wußte die stadtrömische Bevölkerung über Catilinas Unternehmungen, woraus zog sie jeweils ihr Wissen?

A 2
a) Erläutern Sie die Begründung für die Einberufung des Senats, die Motive Catilinas, in den Senat zu gehen, und die Reaktion Ciceros (31,4) auf sein Erscheinen. Ziehen Sie zum besseren Verständnis H 1 hinzu.
* b) In welches Licht werden diese drei Punkte dadurch gesetzt, daß S. das Attentat auf Cicero aus diesem Zusammenhang herausgenommen hat? (Vgl. die Tabelle, Textband S. 78/79)

A 3
a) Beschreiben Sie Catilinas Taktik (31,7/8) und versuchen Sie, die Gründe für ihr Scheitern zu finden.
b) Vergleichen Sie die Rede Catilinas mit seiner Haltung in der Verschwörerrede (Kap. 20) und ziehen Sie zur Erklärung auch die Charakteristik (Kap. 5) heran.

A 4
a) Die Flucht Catilinas ist in einer besonders eindrucksvollen Periode beschrieben (Kap. 32,1). Beschreiben Sie den syntaktischen Aufbau und den Sinnablauf.
Gr b) Untersuchen Sie – evtl. arbeitsteilig – die erzählerischen Mittel der Kapitel 29–32 und beachten Sie insbesondere die Periodenbildung und den Tempusgebrauch.

* **A 5**
Z 1 und Z 2 sind moderne Schilderungen der Senatssitzung vom 11. November; beide Verfasser haben Sallusts Monographie benutzt.
a) Beschreiben Sie die Erzählperspektive von Z 1. Welche Wirkung wird angestrebt?
b) Vergleichen Sie Z 2 mit Sallusts Darstellung: Wie beurteilen Sie die moderne Fassung?

H 1
Zur Lage im Senat. Wenn der Beginn des offenen Krieges seitens des Manlius in Etrurien am 27. 10. die Antwort auf das SCU vom 21. 10. war, so läßt sich vermuten, daß der Bericht über diese Ereignisse den Senat zwischen dem 29. Oktober und dem 2. November erreichte. Die Mobilisierung der Truppen und sonstige Vorbereitungen werden einige weitere Tage in Anspruch genommen haben. Man kann

damit rechnen, daß Cicero, der bislang den Senat vergeblich von der Gefährlichkeit Catilinas zu überzeugen versucht hatte, sich am 8. 11. als Herr der Lage fühlte, als er durch Catilinas Erscheinen im Senat zur offenen Konfrontation gezwungen wurde.

Catilina hatte seine Umsturzpläne zwar schon so offen betrieben, daß er (nach einem aus dem Jahr 89 stammenden Gesetz, der *lex Plautia de vi et de sodaliciis)* wegen Bandenbildung angeklagt wurde; aber da er noch nicht verurteilt war, konnte er noch in der Öffentlichkeit und im Senat erscheinen. Er rechnete damit, daß man ihm selbst das Attentat auf Cicero, das der Senatssitzung in Wirklichkeit nur um einen Tag vorausgegangen war – Sallust hatte es dagegen vor das SCU am 21. Oktober verlegt –, nicht anlasten konnte. Erst als er von Cicero bloßgestellt wurde (Cicero, Oratio in Catilinam I *„Quousque tandem...“*) und daraufhin die Flucht ergriff, war für die meisten Senatoren der Beweis der *coniuratio* erbracht. Sallust konnte sich ein Referat der Rede Ciceros sparen, da Cicero sie wenige Jahre später hatte verbreiten lassen und da sie keine über die vorangehende Darstellung hinausführenden Fakten enthielt.

Z 1

Aus dem fiktiven Tagebuch des Sekretärs Caesars, Rarus

→ **B. Brecht, Die Geschäfte des Herrn Julius Caesar,** S. 68/69

Cicero hat im Senat eine sensationelle Rede gehalten. Er hat ein Mordkomplott der Catilinarier gegen sich enthüllt. Er schrie immerfort: „Ich weiß alles!“ Fulvia hat also funktioniert.

Ich kam mit einem Brief für Crassus zum Tempel des Jupiters Stator, wo der Senat tagte. Davor, in der Heiligenstraße, war ein ganzer Wald von Sänften, die auf die Senatoren warteten. Großes Hin und Her aufgeregter Sekretäre. Die Sänftenträger, meist Anhänger des Catilina, machten Witze über den Senat und lachten über die Sekretäre, die sie zur Ruhe verwiesen.

Catilina war bei der Sitzung anwesend. Sein Sänftenträger war der Star vor dem Tempel. Die andern umringten ihn und schnappten nach jedem seiner Worte. Ein großer, hübscher Kerl.

Auch in den Senat konnte ich einen Blick werfen. Der gewaltige Raum schien überfüllt. Die nicht in Rom wohnenden Senatoren waren nachts durch Spezialkuriere von ihren Landgütern geholt worden. Die Sitzung war schon im Gange, aber Cicero war noch nicht im Hause. Niemand hörte auf den Redner, der eintönig über Makedonien sprach. Die Unterhaltungen wurden laut, über mehrere Bänke weg, geführt. Auch hier wurden Witze belacht, nur war das Lachen fettiger als draußen. Doch an der einen Wand sah ich um ein Kohlenbecken eine Gruppe, die etwas ernster konversierte, wahrscheinlich über Geschäftliches.

Ich hörte nachher, daß man Ciceros wuchtige Anklagen ohne große Erregung anhörte. Aber als Catilina sich dann verteidigte, rückten die neben ihm Sitzenden sichtlich von ihm ab, wie von einem ansteckend Kranken. Die Bänke um ihn waren leer beim Ende seiner Rede.

Der Senat hat ihm gegenüber lange eine erstaunliche Geduld gezeigt. Allerdings haben die Herrschaften bisher nur von ihm profitiert. Siehe die Wahlen! Ciceros hysterische Attacken allein hätten den Senat kaum gerührt, aber in der letzten Zeit soll es auf einigen großen Landgütern Unruhe unter den Sklaven gegeben haben. Man weiß nichts Näheres darüber, aber daß man ihm etwas von der Art in die Schuhe schiebt, zeigte die heutige Sitzung. Er steht jetzt tatsächlich vor der Verhaftung. Wird er losschlagen?

Z 2

→ **Hans Dieter Stöver, Verschwörung gegen Rom.** Roman, S. 278/9, 280:

Cicero setzt sich, und gewaltig ist der Beifall, der auf ihn niedergeht. Catulus kann zufrieden mit ihm sein.

Die Akklamation währt lange. Catilina spürt, wie sich die Feigen, Unentschlossenen hinter dem Beifall verstecken; Zorn steigt in ihm hoch, das Lächeln ist verschwunden, mit einem Ruck erhebt er sich. Alle nehmen zur Kenntnis, wie er sich um Beherrschung bemüht. Ist es Heuchelei, als er beginnt:

„Glaubt doch nicht alles unbesehen von mir . . . Ich stamme . . ."

Zwischenruf: „Elender Heuchler!"

Er brüllt: „Jawohl, ich stamme aus guter Familie! Ich habe von früher Jugend an mein Leben geführt, daß ich mich zu den besten Hoffnungen berechtigt fühle!" (Was soll das? denkt Caesar: Warum geht er nicht einfach? Das wäre überzeugender . . .) Catilina steht nun auf dem freien Platz vor der Versammlung:

„Ich selbst habe als Mann von altem Adel ebenso wie meine Vorfahren die größten Verdienste um das römische Volk aufzuweisen . . ."

Hohngelächter von rechts, hemmungslos, als habe man einen guten Witz gehört. Er zieht die Brauen hoch, sehr erstaunt:

„Ja, meint ihr denn, mir sei es um den Untergang des Staates zu tun, während Marcus Tullius, die ‚Kichererbse', der bigotte Provinzler, der in Rom nur zur Miete wohnt, sich hier als der Retter Roms aufspielt?!"

Na, endlich! grinst nun Caesar und amüsiert sich köstlich über die verbale Eskalation des Duells, freut sich auch besonders über diesen Dämpfer, der dem homo novus aufgesetzt wird. Auch Crassus lacht lauthals, zwinkert Caesar zu, während unflätige Beschimpfungen, Geschrei, Tumult den Saal füllen. Kein Wort zu verstehen, nur dies, von rechts hinten:

„Scheißkerl! Hochverräter! . . . Man sollte ihn lebendig einmauern!"

Catilina ist das Blut in den Kopf geschossen, die Stirnadern zeichnen sich plastisch ab, er schluckt mehrmals, er hebt die Hände, er bemüht sich sichtlich um Fassung; und je lauter sie brüllen, um so ruhiger scheint er zu werden. Er schlägt die Arme vor der Brust übereinander, mißt die Versammlung verächtlich, schweigt, wartet, bis der Lärm sich legt. Dann, ganz ruhig, sachlich, füllt seine sonore Stimme den Raum ganz:

„Ich . . ., ich werde unter keinen Umständen freiwillig, ohne Verfahren und Urteil selbst die Verbannung über mich verhängen!"

Dann geht er zu seinem Platz zurück, setzt sich.

(Doch nachdem Catilina von Cicero weiterhin gereizt worden ist:)

Das ist für Catilina zu viel, er springt vor, wird Cicero gegenüber in der unflätigsten Weise persönlich. Aber da überschreien ihn alle, nennen ihn Staatsfeind und Hochverräter. Zitternd steht er da, tödlich nun der Haß in seinen Zügen; er schiebt alle bisherige Taktik beiseite, schreit ihnen entgegen, und seine Stimme überschlägt sich:

„Wenn ich also umstellt bin und von meinen Gegnern geradezu ins Verderben gejagt werde, so will ich den Brand, der mich verzehren soll, unter Trümmern ersticken!"

Abrupt dreht er sich um, verläßt mit schnellen Schritten die Halle des Tempels.

Kapitel 33/34 a

A 1
Der Verhandlungsversuch des C. Manlius ist nur durch Sallusts Darstellung überliefert. Der Wortlaut der Botschaft ist nach Sallusts eigenem Hinweis als freie Nachgestaltung anzusehen und ist in Anlehnung an die Regeln der Rhetorik gegliedert.
a) Verschaffen Sie sich einen Überblick über die Rede.
* b) Versuchen Sie, Gliederung und rhetorische Stilmittel (z. B. Alliteration, Anapher, Antithese, Parallelismus, Exemplum, Appellbegriffe) festzustellen.

A 2
a) Erläutern Sie die von Manlius zur Rechtfertigung angeführte Notlage in Etrurien (vgl. H 1).
b) Wieweit kann man bei den etrurischen Aufständischen auch von einem eigenen Verschulden der Notlage sprechen? Vergleichen Sie dazu die Charakterisierung der Gruppen in 28,4, ferner 11,4.

A 3
a) Welches sind nach Manlius die Ziele der bewaffneten Erhebung?
b) Reicht diese Zielsetzung aus, um die beschriebene wirtschaftliche Not grundsätzlich zu bessern? Welche Maßnahmen wären noch vorstellbar?

A 4
Vergleichen Sie die von Manlius gegebene Darstellung der Lage und seine Zielsetzungen mit den Vorstellungen in Catilinas Verschwörerrede (Kap. 20/21; vgl. ggf. 20 A 2, A 3; 21 A 3 a).

A 5
a) Überprüfen Sie Manlius' Berufung auf die *secessio(nes) plebis*! (Lex. z. Antike)
b) Welche Rolle hat nach Sallusts Aussagen (24,2; 27,1 u. 4; 28,4) Manlius innerhalb der Verschwörung des Catilina?

A 6
a) Wie beurteilen Sie nach Ihren Beobachtungen zu A 2–5 diese Botschaft und die Reaktion des Q. Marcius (Rex)?
b) Versuchen Sie zu erklären, warum Sallust diese sonst nicht überlieferte Episode so breit darstellt. (Schon die Einfügung der Botschaft in direkter Rede bedeutet eine Hervorhebung!)

H 1

Das Verleihen von Geld auf Zins *(faenus, -oris)* war eine rein privatrechtliche Angelegenheit und unterlag anders als heute nicht der öffentlichen Rechtsaufsicht, da der Staat nur in solche Bereiche eingriff, von denen er selbst betroffen war. Die Höhe des Zinses (4–6% bei sicherer, bis 12% bei unsicherer Anlage, bis 48% in den Provinzen) richtete sich daher ausschließlich nach Angebot und Nachfrage. Nur wenn die Notlage der Schuldner zum öffentlichen Mißstand wurde, weil die Existenz erheblicher Teile sozialer Schichten wie besonders des Bauernstandes bedroht war, wurde etwa eine Schuldenmilderung verordnet.

Die *faeneratores,* die zumeist dem kapitalkräftigen Ritterstand entstammten, kamen durch Überseehandel, der den Senatoren seit 218 v. Chr. verboten war, und durch pachtweise Übernahme der Steuereintreibung in den Provinzen zu Reichtum. Sie hatten nach dem XII-Tafel-Gesetz das Recht, zahlungsunfähige Schuldner zu verhaften und nach 60 Tagen in die Sklaverei zu verkaufen; durch ein späteres Gesetz *(Lex Poetilia et Papiria* von 326 v. Chr.) wurde jedoch verfügt, daß der Schuldner nur noch mit seinem Vermögen haftete.

Kapitel 34 b/35

A 1

Die einleitende Formulierung (34,3) besagt, daß es sich bei dem Brief Catilinas an Q. Lutatius Catulus um die Wiedergabe eines Originaldokuments handelt. Er ist offensichtlich auch stilistisch nicht überarbeitet.

a) An welchen Merkmalen erweist sich der Text als ein Brief?

b) Charakterisieren Sie Catilinas Ausdrucksweise. Wie konkret äußert er sich zur Lage?

c) Welches Anliegen verfolgt Catilina mit dem Brief?

A 2

a) Worin besteht das in diesem Brief genannte *consilium novum* Catilinas (35,2)?

b) Analysieren Sie die Gründe, die Catilina für seinen Entschluß nennt. Wie stellt er sich und sein Tun dar? (Sozialreformer? Rebell? Revolutionär?)

A 3

a) Stellen Sie der Selbstdarstellung Catilinas in seinem Brief (bes. in 35,3; Ton des Briefes?) Sallusts Schilderung seines Charakters (Kap. 5 und 14) gegenüber.

b) Wie beurteilen Sie danach Catilinas Brief?

Kapitel 36 a

A 1

a) Was bedeutet es, daß Catilina die Amtsinsignien des Imperiumträgers anlegt (36,1)?

(Lex. z. Antike; → Bleicken, Stichwörter: Imperium, Insignien, Konsul)

b) Catilina legt die Amtsinsignien an – Catilina wird zum *hostis* erklärt: Wie verhalten sich die beiden Vorgänge zueinander?

A 2

a) Was für ein Licht wirft Catilinas Verhalten auf seine Selbstdarstellung in den Briefen (an die Konsulare bzw. Catulus)? Vergleichen Sie das Verhältnis von Rede und Handeln auch anhand der Verschwörerrede (vgl. 20 A 6 + 7).

b) Welche Bedeutung hat diese Phase für den bisherigen Ablauf der Verschwörung?

c) Überprüfen Sie nun Ihre Ergebnisse zu 26–28 A 1.

Kapitel 36 b/37

A 1

a) Welches Urteil fällt Sallust über den damaligen Zustand Roms, und womit begründet er es? (36,4/5)

b) Vergleichen Sie die Begründung (36,4) mit der Darstellung, die Sallust vom Beginn des Niedergangs Roms gibt (10,1–4). Welche Grundüberzeugung Sallusts läßt sich erkennen, und wie beurteilen Sie sie?

A 2

a) Wie sind die hier geschilderten Gruppen von Sympathisanten Catilinas gekennzeichnet (soziale Herkunft, Alter, besonderes Schicksal)?

b) Weshalb und wie sehr wünschen – nach Sallust – diese Gruppen den Umsturz?

c) Vergleichen Sie diese Sympathisantengruppen mit den Gruppen der eigentlichen Verschwörer (vgl. dazu Kap. 14; 16f.; 24,3; 28,4 und ggf. 17 A 3; 23–24 A 5; 26–28 A 5).

A 3

Sallust war Anhänger der Popularen. Wie erklären Sie sich seine Äußerungen zur Reaktion der Plebs (37,1–3)? Vergleichen Sie Einleitung S. 5 u. 9 (und Kap. 3b–4).

A 4

Welche Zusammenhänge bezeichnet der Ausdruck *malum publicum* (37,8)?

Kapitel 38/39 a

A 1

a) Worin besteht der in Kap. 38 f geschilderte Konflikt, wer sind die Parteien, was sind ihre Ziele, was ihre Methoden? (vgl. H 1)
b) Was geschieht in diesem Konflikt mit der in Kap. 37 beschriebenen sozialen Frage?

* **A 2**

R a) In der modernen Sozialgeschichtsschreibung finden Sie weitere Informationen
– zu den Ursachen der römischen Agrarfrage und den Versuchen zu ihrer Lösung (seit den Gracchen)
– zu Roms Politik gegenüber Latinern, italischen Bundesgenossen und Provinzialen
– zu Wandel und Konstanz der sozialen Schichtung der späten Republik.
(→ Brockmeyer 81–103; → Alföldy 45–82)

* b) Vergleichen Sie zu Sallusts Analyse des Parteikampfes Thukydides, Historiai 3,82 über den Parteikampf auf Kerkyra (Z 1). Worin unterscheidet sich seine Betrachtungsweise von der Sallusts?

A 3

Informieren Sie sich über die Entstehung und politische Bedeutung des Volkstribunats.
(→ Bleicken 86–88; Lex. z. Antike).
Zur Entwicklung in der späten Republik s. auch H 1.

* **A 4**

a) Sallust ist selbst Volkstribun gewesen (s. Einltg. S. 9; Kap. 3–4,2). Wie urteilt er hier über das Volkstribunat und die Plebs (Kap. 38 bzw. 37,2/3), und wie erklären Sie seine jetzige Beurteilung?
b) Läßt sich aus dem Exkurs erkennen, welche politische Richtung oder welche im Politischen wirkenden Werte er vertritt?

A 5

Worin besteht das *bonum publicum simulare*, das Sallust den Politikern der jüngeren Generation nachsagt? Gibt es eine Beziehung zu dem Ausdruck *malum publicum* (Kap. 37,8)?

A 6

Wie sieht und bewertet S. den Zusammenhang der Catilinarischen Verschwörung mit den in Kap. 39 geschilderten politischen Auseinandersetzungen? Welche Chance gibt er hier den Catilinariern?

* **A 7**

a) Wie ist der Exkurs Kap. 36,4–39,5 in der Darstellung verankert? (Beobachten Sie besonders die angrenzenden Textpartien.)
b) Stellen Sie die zeitliche und sachliche Beziehung zum Ende des großen Exkurses (Kap. 6–13) her.

H 1

Die tribunicia potestas, die von den Gracchen politisch aktiviert worden war, wurde von Sulla in den Jahren 82–79 schrittweise wieder eingeschränkt. Besonders schwerwiegend war, daß die von den Volkstribunen in Volksversammlungen *(concilia plebis)* veranlaßten Beschlüsse von der Zustimmung des Senats abhängig gemacht wurden und daß die Volkstribunen selbst von der weiteren Ämterlaufbahn ausgeschlossen waren. Sofort nach der Abdankung und dem Tod Sullas (i. J. 78) begannen die Versuche, das Volkstribunat in vollem Umfang wiederherzustellen und die Diskriminierung der Volkstribunen aufzuheben. Aber erst i. J. 70 gelang es den Konsuln Pompeius und Crassus, dem popularen Amt seine vollen Rechte zurückzugeben; freilich setzten sie dies im Interesse der eigenen Machtstellung durch. Ihnen gegenüber gewannen der Senat und die mächtige Gruppe der Optimaten erst wieder Einfluß, als Pompeius militärische Aufgaben im Osten des Imperiums wahrnahm.

Z 1

Im Verlauf des Peloponnesischen Krieges wollten die Bewohner der Insel Kerkyra (Korfu) von Athen zu Sparta übergehen (427 v. Chr.). Infolgedessen brach ein Parteikampf aus, der zum Verfall aller moralischen Werte und sozialen Bindungen führte. Thukydides, der Zeitgenosse und Historiker des Peloponnesischen Krieges, berichtete über das Geschehen und analysierte die Gründe.

Thukydides, Historiai 3,82

Viel Unheil brach während des Parteikampfes über die Städte herein. Dies geschieht zwar und wird immer geschehen, solange die Natur (physis) der Menschen dieselbe bleibt, aber es wird stärker oder harmloser sein und sich in verschiedener Art äußern, je nachdem wie der Wechsel der Glücksumstände eintritt. Denn im Frieden und Wohlstand legen die Städte und die einzelnen Bürger eine bessere Gesinnung an den Tag, weil sie nicht in ungewollte Zwangslagen geraten. Aber der Krieg, der die leichte Versorgung mit den Erfordernissen des Alltags aufhebt, ist ein gewalttätiger Lehrer und gleicht die Gesinnung der Menge den gegenwärtigen Umständen an ... (Während des Parteikampfes) veränderten sie auch die gewohnten Wortbedeutungen nach ihrer (jetzigen) Auffassung: unüberlegte Tollkühnheit galt als Tapferkeit im Dienst der Freunde, bedachtes Zögern galt als schönverbrämte Feigheit ...

Wer mit einem Anschlag Erfolg hatte, galt als klug, und wenn er selbst einen solchen vorausgeahnt hatte, als noch größer. Aber wer sich vorsah, um derartiges gar nicht nötig zu haben, galt als Zerstörer seiner Gruppe und als Feigling vor dem Feind ... Ursache alles dessen ist die Macht (arché), die man durch Habgier und Ehrgeiz erreicht. Daraus resultiert dann auch die wilde Gier nach Sieg. Denn die führenden Politiker beider Parteirichtungen benutzten eingängige Schlagworte, so als ob ihre Ideale entweder die politische Gleichberechtigung der Masse oder eine besonnene Aristokratie wären, und waren dann angeblich um das Wohl aller bemüht, aber in Wirklichkeit machten sie es zur Kriegsbeute. Auf jede Weise kämpften sie darum, sich gegenseitig zu unterwerfen. Sie wagten die entsetzlichsten Taten und planten noch fürchterlichere Rache. In ihrer Zielsetzung gingen sie nicht bis zur Verwirklichung des Rechts oder des Nutzens der Allgemeinheit, sondern sie fanden ihr Ziel in dem, was ihnen Befriedigung verschaffte. Sie waren entschlossen, ihre momentane Gier nach dem Sieg mit einer widerrechtlichen Verurteilung (des Gegners) oder mit gewaltsam erkämpfter Macht zu stillen. Im Ruf der Frömmigkeit stand keine der beiden Parteien, sondern Ansehen genossen diejenigen, denen es gelang, unter einer schönklingenden Bezeichnung etwas Empörendes durchzusetzen. Bürger, die zwischen den Parteien standen, wurden von beiden Parteien aufgerieben, entweder weil sie sich am Kampf nicht beteiligten oder weil man ihnen das Überleben nicht gönnte.

Kapitel 39 b ff

A 1

In dem Abschnitt 39,6–45 berichtet S. Ereignisse von mehreren Schauplätzen. Beschreiben Sie (Tabelle) Abfolge, Entwicklung u. Zuordnung dieser Handlungsstränge unter dem Gesichtspunkt: Aktionen der Verschwörer – Reaktionen der Magistrate.

A 2

Suchen Sie eine Erklärung, warum S. den Bericht über die Allobrogeraffäre durch Kap. 42/43 unterbrochen hat. – Beachten Sie dabei den Anschluß des Folgenden.

Kapitel 39 b – 41

A 1

Was veranlaßte Lentulus, sich an die Allobroger zu wenden (Kap. 40)?

A 2

Erläutern Sie vor dem Hintergrund der in H 1 gegebenen Informationen Sallusts Hinweise auf die soziale und rechtliche Lage der Allobroger (Kap. 40/41) und verdeutlichen Sie die Bedeutung ihrer Gesandtschaft.

H 1

Die Allobroger, ein Keltenstamm am Nordrand der Provinz Gallia Narbonensis, waren i. J. 121 von den Römern unterworfen worden, blieben aber ein ständiger Unruheherd. Dazu trug besonders die rücksichtslose Ausbeutung seitens der römischen Provinzialverwaltung bei. Um nämlich die Steuern aufbringen zu können, sahen sich die Allobroger gezwungen, privat und als Gemeinde erhebliche Gelder aufzunehmen, z. B. von den zahlreichen römischen Händlern, die wiederum an ihnen verdienten. Im J. 69 hatten die Allobroger in Rom den Propraetor M. Fonteius wegen Ausbeutung angeklagt. Als Provinziale mußten sie sich dazu eines Patronus bedienen. Mit dem Vertrauensverhältnis zu diesem hatten die Verschwörer offensichtlich nicht gerechnet, als sie die Allobroger in die Verschwörung einweihten. Den Allobrogern brachte ihr loyales Verhalten später keinen Vorteil; schon 61 zwang ihre verzweifelte Lage sie zu einem Aufstand. Er wurde blutig niedergeschlagen, und als Caesar 58 v. Chr. nach Gallien kam, waren sie zwar gebändigt, aber *„nondum bono animo in populum Romanum“* (Caesar, De bello Gallico 6,3).

Kapitel 42/43

A 1

a) Verfolgen Sie die Ausweitung der Verschwörung (42) auf einer historischen Karte. Wie beurteilt Sallust diese Aktionen?

b) Erörtern Sie die mögliche Reaktion der römischen Plebs auf diese Entwicklung.

A 2

a) Zu welchem Zweck planen die Verschwörer, durch den Volkstribunen L. Bestia eine Volksversammlung einberufen zu lassen? Vgl. H 1.

b) Wie paßt dieser Plan in die übrigen Aktionen der Verschwörer? Welche Bedeutung hat in diesem Zusammenhang *invidia* (43,1; vgl. ggf. auch 23/24 A 4)?

H 1

Die Volkstribunen hatten wie die höchsten Magistrate das Recht, jederzeit Volksversammlungen (contiones) einzuberufen, um das Volk über laufende Ereignisse zu informieren, darüber hinaus aber auch dem Volk Anträge (rogationes) vorzulegen, z. B. auf Einsetzung von Untersuchungskommissionen (quaestiones) über die Amtsführung der Magistrate. Sie hatten ferner die Aufgabe, am Jahresende den abtretenden Konsuln die Rechenschaft über die Amtsführung abzuverlangen. Alle diese Rechte wurden nun, wie er selbst frühzeitig voraussah, gegen Cicero eingesetzt. Den Auftakt sollte die schon Ende November/Anfang Dezember geplante Contio des Volkstribunen L. Bestia (er wurde Kap. 17,3 unter den Verschwörern genannt) bei seinem Amtsantritt am 10. Dezember bilden.

Kapitel 44/45

A 1
Wie steht Catilina zur Einbeziehung von Sklaven in die Verschwörung? (Vgl. die Verschwörergruppen bes. Kap. 14–17; 28,4; 37; außerdem 24,4; 30,3/4.) Welche Gründe mochte Catilina haben, welche Lentulus?

* **A 2**
Von dem Brief des Lentulus an Catilina, den Sallust als authentisches Dokument bezeichnet (44,4–5), gibt Cicero folgende Fassung wieder:

„quis sim, scies ex eo, quem ad te misi. cura, ut vir sis, et cogita, quem in locum sis progressus. vide, quid tibi iam sit necesse. et cura, ut omnium tibi auxilia adiungas, etiam infimorum." (Cicero, In Catilinam III 12)

Vergleichen Sie Sprache und gedankliche Reihenfolge der beiden Fassungen: Wo sind Gemeinsamkeiten, worin bestehen die Unterschiede?

Kapitel 46

A 1
Sallust stellt zu Beginn des Kap. 46 Ciceros Situation dar. Analysieren Sie deren Problematik und beschreiben Sie, wie S. Ciceros weiteres Vorgehen darstellt. (Vgl. 29/30 H 1, zum SCU.) Wodurch sichert Cicero sein Vorgehen ab?

* **A 2**
Sallust wechselt in der Nennung Ciceros: 44,1 und 45,1: *Cicero,* 46,1 und 5: *consul,* 48,1: wieder *Cicero* (vgl. die hochoffizielle Bezeichnung 31,6: *M. Tullius consul,* weiterhin 23,5; 24,1). Wie erklären Sie den Wechsel der Bezeichnung?

Kapitel 47/48 a

A 1
S. gibt eine geraffte Darstellung der Verhöre im Senat (Kap. 47). Beschreiben Sie das Ergebnis der Vernehmung des Volturcius.

A 2
Die von den Allobrogern erwähnten *libri Sibyllini* (47,2) enthielten Prophezeiungen in griechischer Sprache und durften nur auf Anordnung des Senats eingesehen und interpretiert werden. Trotzdem wurden immer wieder mit politischer Zweckabsicht falsche Sprüche wie die hier erwähnten untergeschoben und im Volk in Umlauf gebracht.
Bei der Überführung des Lentulus hebt S. den Hinweis auf diese Sibyllinischen Bücher stärker hervor als die übrigen Beweise. Welche sind dies, und was bezweckt S. mit dieser Hervorhebung?

A 3
Erklären Sie den Stimmungsumschwung der Plebs (48,1/2; er erfolgte nach dem Bericht, den Cicero nach der Senatssitzung am 3. Dezember dem Volk in seiner 3. Catilinarischen Rede gab), und vergleichen Sie dazu Ihre Überlegungen zu Kap. 42/43 A 1.

A 4
Wie beurteilt S. die Plebs? Beobachten Sie dazu den Gebrauch sprachlicher Mittel in diesem Abschnitt (48,1/2). Vergleichen Sie 31,1–3 und 37,1–3, wo S. ebenfalls die Verhaltensweisen der Plebs beschreibt.

Kapitel 48 b/49

A 1

a) Über die Beteiligung des Crassus kursierten stark abweichende Vermutungen. Erläutern Sie die einzelnen Begründungen und erklären Sie die Reaktion des Senats.

b) Welches Interesse könnte nach Ihrer Ansicht Crassus an dem Putsch Catilinas gehabt haben? Vergleichen Sie H 1 und Kap. 17–19.

R c) Wie äußern sich moderne Historiker zu einer möglichen Beteiligung des Crassus an der Verschwörung?

(s. z.B. → Bengtson, Grundriß; → Heuß, Röm. Geschichte (Register!); → Syme 100f; → Christ 255f; Lexikon z. Antike)

* **A 2**

a) Beschreiben Sie, wie die Verdächtigung Caesars im Vergleich zu der des Crassus entwickelt wird: Wer äußert jeweils den Verdacht, welches sind die Motive, wie glaubwürdig erscheint der Verdacht, und wer tritt als Verteidiger auf? Welchen Schluß ziehen Sie aus Ihren Beobachtungen?

b) In Kap. 10,3–11,3 äußert S. sich grundsätzlich zur politischen Moral der führenden Schichten in der späten Republik. Wie erscheinen vor diesem Hintergrund die Aktivitäten der beiden Nobiles Catulus und Piso?

* **A 3**

Wie läßt Sallust die Handlungsweise der Equites erscheinen, wodurch ist ihr Angriff auf Caesar motiviert? Vgl. H 2.

* **A 4**

R Cicero selbst berichtete im Anschluß an die Senatssitzung vor der Volksversammlung ausführlich von der Überführung der Catilinarier.[1]

[1] 3. Catilinarische Rede § 6–15 (zweisprachige Ausgabe reclam 9399, deutsch reclam 1236 oder Goldmann TB 7504)

Welche der beiden Darstellungen erweckt den Eindruck größerer Authentizität? Wird deutlich, nach welchen Gesichtspunkten die beiden Autoren die Ereignisse darstellen?

H 1

Wie bei der ersten Verschwörung des Jahres 66/65 v. Chr. (Kap. 18) erwähnt Sallust den Verdacht der Beteiligung weiterer prominenter Persönlichkeiten. Beide Male ist **M. Crassus** beteiligt. Für die historische Entwicklung ist symptomatisch, daß neben ihm jetzt **Caesar** als politischer Machtfaktor genannt wird statt des noch im Orient befindlichen und in der Innenpolitik einflußlosen Pompeius (auch P. Autronius, der Verschworene des Jahres 65, wird wieder ins Spiel gebracht; er wird (Kap. 17,3) unter den Verschwörern genannt und 62 deswegen angeklagt). Crassus und Caesar hatten Catilina bei der Bewerbung um das Konsulat i. J. 63 noch unterstützt, aber zumindest Caesar hatte sich nach dessen Mißerfolg offen von Catilina distanziert.

H 2

Die in Kap. 49,4 geschilderte Episode vom Einsatz der **Equites** ist ein Hinweis auf eine weitergehende Koalition von Ritterstand und Senat, die Cicero als sein politisches Programm entwickelt hatte *(„concordia ordinum“)*.

Der Vorfall ereignete sich in Wirklichkeit erst nach der Sitzung am 5. Dezember, in der nach dem Rededuell zwischen Caesar und Cato über das Schicksal der Catilinarier entschieden worden war (vgl. Kap. 50–52 und die Tabelle, Textb. S. 80/81). Die Ritter waren empört über Caesars Fürsprache für die überführten Verschwörer.

Kapitel 50

A 1

Wie setzt sich der Anhang der Verschwörer nach 50,1–5 zusammen? Vergleichen Sie mit früheren Darstellungen (Kap. 14; 17; 24,3–4; 28,4; 37) bzw. Ihrer Tabelle (zu 14 A 1 und 17 A 3).

A 2

Stellen Sie die Situation und Ciceros Überlegungen und Maßnahmen dar (50,1–3). Ziehen Sie zur Beurteilung der rechtlichen Situation H 1 heran.

H 1

Die Rechtslage. Durch das SCU (vgl. 29/30 H 1) war der Konsul Cicero grundsätzlich ermächtigt, jede notwendige Maßnahme zum Schutz des Staates zu ergreifen. Darüber hinaus hatten ihm die Senatsbeschlüsse vom November und 4. Dezember (36,2; 50,4) die Vollmacht gegeben, gegen die zu *hostes* erklärten Catilinarier vorzugehen. Die drohende Befreiungsaktion zwang ihn zu raschem Handeln. Trotzdem konsultierte Cicero pflichtgemäß den Senat, aber er sah wohl in einem Senatsbeschluß auch eine zusätzliche Sicherheit gegen die Angriffe seitens der Popularpolitiker.
Die Handhabe dazu bot zum einen der Rechtsgrundsatz, daß der Magistrat und Träger eines *imperium,* hier also Cicero als der Konsul, immer die letzte juristische Verantwortung trug und ein *senatus consultum* nur ein Rat ohne Gesetzeskraft war. Zweitens war die Kompetenz sowohl des Magistrats wie des Senats, Todesurteile zu fällen und vollstrecken zu lassen, selbst bei Hochverrat umstritten (und ist es in der Forschung noch heute!).
Die juristischen Gründe waren folgende: Eine *Lex Valeria* und ein von M. Porcius Cato, dem Zensor, eingebrachtes Gesetz *(Lex Porcia de tergo civium)* sahen die Anrufung der Volksversammlung *(provocatio ad populum)* gegen die (der Hinrichtung vorangehende bzw. die alleinige) Prügelstrafe vor; andere Gesetze verboten, bereits Abgeurteilte *(condemnati)* ohne Volksbeschluß hinzurichten.
Seitdem C. Gracchus ein derartiges Gesetz – freilich erfolglos – speziell gegen die Anwendung des SCU eingebracht hatte, wurde die Rechtsgültigkeit des SCU von den Volkstribunen und den Popularpolitikern im Senat grundsätzlich bestritten, weil der Senat damit Kompetenzen der Volksversammlung an sich zog und spezifische, durch das Volkstribunat garantierte Schutzrechte (die *provocatio ad populum*) verletzte. Um einem solchen Konflikt auszuweichen, hatte Ti. Nero die Vertagung beantragt (vgl. H 3), während der ein ordentlicher Gerichtshof *(quaestio)* eingerichtet werden konnte. Dieses juristisch einwandfreie Verfahren barg jedoch angesichts der unsicheren Haftbedingungen zu große Risiken für die innere Sicherheit.

Die Sitzung des Senats am 5. 12. 63

A 3

Vergleichen Sie den Verlauf der Senatssitzung – nach H 2 und H 3 – mit Sallusts Darstellung in Kap. 50.

H 2

Zur Geschäftsordnung des Senats. Als Konsul konnte Cicero jederzeit Senatssitzungen anberaumen, ja sogar die Senatoren zum Erscheinen zwingen *(cogere).* Er hatte die Senatoren über die Lage zu informieren *(referre, relatio)* und ihnen Fragen zur Diskussion und Beschlußfassung vorzulegen. Zu diesem Zweck hatte er sie nach einer festen Reihenfolge zur Meinungsabgabe aufzurufen *(interrogatio).*

Zuerst sprachen als Ranghöchste die für das nächste Jahr designierten Konsuln, da sie sich in ihrer kommenden Amtszeit wahrscheinlich mit der gleichen Situation oder ihren Folgen zu befassen hatten. Dann kam die Erfahrung der gewesenen Konsuln *(consulares)* zu Wort. Die gemäß dem Amtsrang nachfolgenden Sprecher konnten ebenfalls in ihrer Rede ihre Meinung vortragen *(sententiam dicere)* und mit einem Beschlußantrag schließen *(placet igitur ... / censeo ...)* oder sich auf die Zustimmung zu einem Vorredner beschränken (z. T. indem sie direkt zu ihm traten: *pedibus ire / discedere in sententiam alicuius).*

Der Konsul hatte in der Regel nicht das Recht, Beschlußanträge zu stellen. Der Beschluß *(senatus consultum)* wurde mit Mehrheit gefaßt.

H 3

Verlauf der Senatssitzung. Am 4. Dezember hatte der Senat die festgenommenen Catilinarier zu Staatsverbrechern *(hostes)* erklärt (Kap. 50,3). Da ihre Anhänger die Befreiung der Gefangenen durch organisierte Banden vorbereiteten, sah sich Cicero veranlaßt, den Senat zum 5. Dezember zur erneuten Beschlußfassung einzuberufen. Aus dem dramatischen Verlauf der Sitzung, während der zahlreiche Senatoren das Wort ergriffen, sind uns durch Sallust, Cicero und andere Quellen drei Reden faßbar; Sallust hat aus den zahlreichen Reden nur zwei ausgewählt.

Der zuerst sprechende *consul designatus* D. Iunius Silanus beantragte, das *‚supplicium‘* zu vollstrecken, worunter nach üblichem Sprachgebrauch die Todesstrafe verstanden wurde. In der nach den Konsularen folgenden Gruppe der designierten Praetoren erhielt Caesar das Wort; er sprach gegen die Todesstrafe. Daraufhin beantragte der einige Zeit nach ihm sprechende gewesene Praetor Tiberius Nero, die Sitzung zu vertagen.

Cicero unterbrach, wohl nach Tiberius' Rede, die Umfrage und legte in einer Rede die Bedeutsamkeit der zu fällenden Entscheidung dar, ohne sich jedoch selbst festzulegen; einen Antrag durfte ja seine Rede ohnehin nicht enthalten. (Sallust übergeht daher mit guten Gründen diese 4. Catilinarische Rede.)

Als die Umfrage wieder begann, interpretierte D. Iunius Silanus sein erstes Votum *‚supplicium‘* im allgemeineren Sinn einer Bestrafung. (Bei S., der dies im Vorgriff schon in Kap. 50,4 berichtet, schließt er sich dem Antrag des Ti. Nero an.) Fast am Ende der Beratung, also lange nach Caesar, wurde M. Porcius Cato aufgerufen, der als designierter Volkstribun in der Rangfolge weit hinter Caesar stand. Er führte den entscheidenden Meinungsumschwung des Senats herbei.

A 4

Diskutieren Sie, wieweit S. mit seiner Gestaltungsweise (vgl. H 4) die ‚historische Wahrheit‘ trifft.

H 4

Die Auswahl der Reden Caesars und Catos ist ebenso Sallusts Werk wie ihre Ausgestaltung im Detail. Den noch lange Zeit überlieferten originalen Reden – für die Verbreitung der Rede Catos hatte Cicero mit guten Gründen gesorgt! – stellt Sallust seine eigene Gestaltung an die Seite. aber auch Cicero hat seine eigene Rede im Sinne größerer Entschiedenheit überarbeitet und herausgegeben. Für ihn galt es, seine vom Senatsbeschluß getragene Entscheidung zu verteidigen.

Kapitel 51

Die Rede Caesars

Hinweise: Zur Situation s. 50 H 2 und H 3 – Zusammenfassende A zur Argumentation der Rede s. u. S. 39 – A zu den Reden Caesars und Catos und zu ihrer Wirkung s. u. S. 42.

A 0

Die Rede ist vom Herausgeber in sechs große Abschnitte gegliedert. Zeigen Sie die sprachlichen Mittel, besonders die Verwendung von Stichworten und gliedernden Konjunktionen, aus denen sich eine solche Gliederung ergibt.

---

1. Abschnitt (§§ 1–8)

A 1

a) Stellen Sie die Maßstäbe dar, an denen die Senatoren – nach Caesar – ihr Handeln orientieren sollen. Berücksichtigen Sie dabei, daß die anstehende Entscheidung zunächst ein juristisches Problem zu sein scheint.

Gr b) Caesar fordert den Senat auf, frei von Emotionen zu entscheiden. Verfolgen Sie abschnittweise,
- wie er dieses Motiv weiterverwendet
- ob er selbst diese Haltung zeigt.

A 2

Vergleichen Sie die von Caesar angeführten *exempla* (§§ 5/6) unter den Gesichtspunkten: (a) die Gegner, (b) deren Verhalten und (c) die Reaktion der *maiores.*
Auf welche Wirkung zielt diese Reihe von *exempla* ab?

A 3

Sallust läßt Caesar sich auf die Handlungsweise der *maiores* und auf die von Cato Censorius im Jahre 166 veranlaßte Begnadigung der Rhodier berufen. (Auch der Redeanfang *omnis homines* erinnert an den älteren Cato!) Was bezweckt er damit?

A 4

Die Logik des bisher vorliegenden Antrags des Silanus (50,4) lautet: Für eine außergewöhnliche Straftat ist eine außergewöhnliche Strafe angebracht. Vergleichen Sie hiermit den Standpunkt Caesars (§ 8). Worauf zielt insbesondere seine Formulierung *quae legibus conparata sunt?*

* **A 5**

Wie weit sind Caesars Gedanken (§§ 1–3,6/7) im Einklang mit Sallusts Anschauungen (1. Kap.: *animus, ingenium, lubido, bellum, pax*)? Können Sie aus Ihren Beobachtungen allgemeinere Schlüsse ziehen?

---

2. Abschnitt (§§ 9–15)

A 1

a) Inwieweit ändert Caesar jetzt Blickrichtung und Stil seiner Ausführungen (9–11)?

* b) Prüfen Sie, wie weit die Schrecken der Verschwörung, die Caesars Vorredner ausgemalt hatten (§ 9), mit Sallusts Schilderungen übereinstimmen. (Vgl. bes. 31; 48,1/2; 37; ferner 11,4 ff; 21,1–2.) Welche Schlüsse ziehen Sie aus Ihren Beobachtungen?

A 2

a) Analysieren Sie Caesars Gedankengang §§ 12–14. Welche Wendungen gibt er jetzt (§ 15) seinem zu Anfang der Rede (§§ 1–3) geäußerten Appell?

---

3. Abschnitt (§§ 16–24)

A 1

Beschreiben Sie die Taktik Caesars, mit der er zu Silanus Stellung nimmt (§ 16–20). Welches Urteil deutet sich insbesondere in den Formulierungen *aliena a re publica nostra* und *genus poenae novom* (§ 17/18, vgl. den Kommentar) an?

A 2

Vergleichen Sie Caesars Ausführungen zum *‚metus‘ (metus rei publicae)* des Silanus mit Sallusts Darstellung 50,1–2.

* **A 3**

a) Caesars Argument, daß der Tod nur Erlösung von Kummer und Leid bedeute, beruht auf der unter den Gebildeten seiner Zeit weitverbreiteten Lehre des Philosophen Epikur (341–270), wonach der Mensch ausschließlich Materie ist, die beim Tode zerfällt.

R Vergleichen Sie diese Anschauung mit philosophischen und populären Jenseitsvorstellungen der Antike (→ Lexikon z. Antike).

* b) Läßt sich die von Silanus beantragte Hinrichtung auch unter anderen Gesichtspunkten als dem der Strafe erörtern?

A 4

Beschreiben Sie Stil und Argumentationsweise der abschließenden Partie (21–24, vgl. 50 H 1). Welchen Vorwurf erhebt Caesar gegen Silanus?

A 5

Beurteilen Sie die Wirkung dieses Abschnitts im Vergleich mit den vorausgegangenen.

4. Abschnitt (§§ 25–36)

A 1

a) Caesar trägt in diesem Abschnitt eine historische Erfahrung in Thesenform vor und belegt sie mit Beispielen. Was will er beweisen? Berücksichtigen Sie seine früher geäußerten Warnungen *(novom consilium* § 8).

b) Wie schlüssig ist die angeführte Reihe historischer *exempla?* Vergleichen Sie besonders die Personen, die jeweils die Macht ausüben. Erörtern Sie hier anknüpfend auch Schlüssigkeit oder Eindringlichkeit der Argumente – was scheint für Caesar vorrangig zu sein?

A 2

a) Caesar schließt diesen Abschnitt – ähnlich wie er ihn begonnen hat – mit Vorstellungen zur Zukunft des Staates (36). Welche Befürchtung führt er an? Unter welchen Umständen sieht er eine reale Gefahr?

*R b) Sallust verfaßte diese Ausführungen zwischen 43 und 39 v. Chr. Informieren Sie sich über die politische Entwicklung und besonders die Karriere des Caesarerben Octavianus in diesen Jahren. In welchem Licht erscheint dann dieser Abschnitt der Caesarrede? (→ Heuß 227f; → Giebel 131–136)

5. Abschnitt (§§ 37–42)

A 1

Caesar beruft sich noch einmal auf die *maiores*. Wie beurteilt er hier ihre Entscheidungen, und welchen Verlauf sieht er dann im römischen Rechtswesen? Analysieren Sie die Funktion des so gewonnenen Arguments (vgl. die Argumentation in §§ 4–8).

* **A 2**

R a) Informieren Sie sich über die gesellschaftspolitischen Bestrebungen des M. Porcius Cato Censorius, auf den die *lex Porcia* zurückgeht.
(→ Res Romanae; Lex. z. Antike)

b) Welches zusätzliche Argument gewinnt Caesar so gegen seinen Vorredner Cato, den Urenkel des Cato Censorius? Vgl. H 1:

H 1

Caesars Argumente gegen die Todesstrafe erscheinen in anderem Licht, wenn man bedenkt, (a) daß er wenige Monate zuvor gegen einen angeblichen Aufrührer die Todesstrafe beantragt hatte (vgl. Ciceros Rede *pro Rabirio perduellionis (!) reo*) und (b), daß er 63 (!) zum *Pontifex maximus,* also zum Haupt der staatlichen Kulte gewählt worden war.

6. Abschnitt (§ 43)

A 1

Was bewirkt Caesar mit seiner zum Antrag überleitenden Frage? (Kontext!)

A 2

Diskutieren Sie die Frage, ob Caesar mit seinem (von Sallust gerafft wiedergegebenen) Antrag zu Gunsten der Catilinarier mehr als nur die Schonung ihres Lebens intendiert haben könnte. Vergleichen Sie noch einmal 50,1/2; 51,25 u. 36, ferner allgemein die politische und soziale Lage im damaligen Rom (bes. 36,4–39,5).

Zur Rede insgesamt

A 1

Gr Aus welchen Bereichen nimmt Caesar seine Argumente, an welche Motive appelliert er?

A 2

Grundzüge popularer Politik waren in Rom die Zuspitzung des Gegensatzes Senat – Volk und die Sicherung der Freiheitsrechte.

Gr a) Überprüfen Sie abschnittweise, wieweit C. diese popularen Positionen vertritt.

b) Wie nimmt Caesar zur besonderen Lage und zu Inhalt und Ziel des SCU Stellung?

R c) Vergleichen Sie das Ergebnis Ihrer Beobachtungen zu A 2 mit dem Vorgehen des Politikers Caesar von seinem Konsulat bis zum Ende seiner Herrschaft.

(Lex. zur Antike; → Heuß 200–218; → Christ 291–397; → Propyläen-WG 273–295)

* **A 3**

Von optimatischer Seite gab es den Versuch, Caesar als Catilinarier zu diskreditieren. Beobachten Sie, wie Sallust Caesar diesen Verdächtigungen entgegentreten läßt. (Ziehen Sie die wichtigsten Äußerungen aus Kap. 49 und aus Caesars Rede heraus und vergleichen Sie sie.)

* **A 4**

a) Lesen Sie Z 1. Welche Motive in Brechts Darstellung lassen sich auch bei Sallust nachweisen, welche sind eindeutig ‚Brechtisch'?

b) Was bezweckt Brecht mit seiner Sicht und Darstellungsweise?

Z 1

Aus den fiktiven Tagebuchaufzeichnungen des Rarus, Sekretär Caesars

B. Brecht, Die Geschäfte des Herrn Julius Caesar, S. 98ff:

(4. Dezember)

Sie sprachen eben noch im Atrium, als sich Manius Pulcher melden ließ. Er trat ein zusammen mit Afranius Cullo, dem vielleicht größten Finanzier der City[1], dessen Name beinahe nie genannt wird, dessen Stimme aber in Finanzkreisen für ausschlaggebend gilt, und noch drei andern bekannten Steuerpächtern, alle sehr bleich und nervös.

Man zog sich in die Bibliothek zurück. Ohne alle Umschweife rückten die Herren mit ihrem Anliegen heraus. Es war tatsächlich erstaunlich. Sie schlugen mit dürren Worten vor, C. solle morgens, in der entscheidenden Senatssitzung, für die Verhafteten eintreten und unter allen Umständen ein Todesurteil verhindern! C. war zu Beginn sehr ruhig. Er wies auf die schweren Verfehlungen der Leute hin und auf die Stimmung gegen sie. Afranius Cullo, ein kleiner, knorpeliger Fünfziger, ließ ihn ausreden und wiederholte dann nur: „Unter keinen Umständen Todesurteile. Das wäre der endgültige Sieg des Senats!" C. schickte mich hinaus.

Die Herren gingen erst nach eineinhalb Stunden. Als ich nach ihrem Weggang in die Bibliothek kam, fand ich C. in einem Weinkrampf. Er schrie mindestens dreimal: „Das mache ich unter keinen Umständen. Für was halten mich diese Koofmichs?"

(5. Dezember)

Als ich auf das Capitol kam, war die Sitzung noch in vollem Gang. Ich hörte, daß C. schon geredet habe, sehr kühn, „für die Schonung der Catilinarier!" Mir schlug das Herz bis in den Hals. Ich stand in einem Haufen meist junger Leute aus dem Kaufmannsstand, alle bewaffnet. Sie gehörten zu Herrn Ciceros Bürgergarde und sprachen nur von C.s Rede, die sie unverschämt nannten. Einer schrie: „Dieser Caesar ist der Schlimmste von allen. Natürlich ist er bezahlt. Er macht nicht den Mund auf ohne Barzahlung." Und ein anderer antwortete ihm: „Das Geld des Catilina stinkt bis hier heraus!" Ich hätte beinahe gelacht, da ich an Afranius Cullo dachte.

[1] Mit ‚City' umschreibt Brecht den finanzkräftigen Stand der *‚equites'*.

Kapitel 52

Hinweise: Zur Situation s. 50 H 2 und H 3. – Zu den Reden Catos und Caesars s. u. S. 42.

H 1

M. Porcius Cato, geboren im Jahre 95, war als Urenkel des berühmten Cato Censorius ein Angehöriger der Nobilität. Er war rhetorisch und philosophisch gebildet. Als Anhänger der stoischen Philosophie suchte er die strengen ethischen Grundsätze dieser Schule auch in der Führung seiner staatlichen Ämter zu verwirklichen.
So ordnete er als Quästor im Jahre 65 die staatlichen Finanzen, wobei er unerbittlich alte Forderungen eintrieb, und klagte 63 den designierten Konsul L. Licinius Murena wegen Bestechung bei den Wahlen an; dank Ciceros Verteidigung wurde Murena freigesprochen. Cicero gab damals in seiner Rede ein bewunderndes, aber auch leicht ironisch gefärbtes Porträt Catos und seiner rigorosen, politisch verhängnisvollen Wertmaßstäbe. Daß der sich hieraus ergebende Gegensatz zwischen Cato und Cicero sich in der Catilina-Affäre nicht auswirkte, spricht für Catos Objektivität. Zum Zeitpunkt der Senatssitzung am 5. Dezember 63 war er für das Jahr 62 gewählter Volkstribun. Für die Plebs erreichte er im J. 62 eine Verbilligung des Getreides. Seine Politik war aber vor allem der kompromißlose Kampf des Republikaners gegen Caesar und seine Anhänger. Einer von ihnen, der berüchtigte P. Clodius, setzte es durch, daß Cato in den Jahren 58–56 durch einen offiziellen Auftrag in Zypern aus Rom entfernt wurde. In der Prätur im Jahre 54 setzte er den Widerstand gegen Caesar fort. Im Bürgerkrieg schloß er sich widerwillig der Partei des Pompeius an; nach dessen Niederlage vereinte er in der Provinz Afrika die Reste der Republikaner gegen Caesar. Nach dem Sieg Caesars bei Thapsus i. J. 46 nahm er sich in Utica das Leben. Cicero war es zu verdanken, daß das Andenken an ‚Cato Uticensis' als den letzten Republikaner und einen Philosophen, der für seine Überzeugung zu sterben bereit war, weiterlebte.
(Vgl. auch 53 b/54 H 2, Absatz 1.)

1. Abschnitt (§§ 2–12)

A 1

Geben Sie eine knappe Zusammenfassung der Argumente Catos in §§ 2–6/7–12.

A 2

a) Arbeiten Sie heraus, wie Cato schon einleitend (2–4) durch Wortwahl und stilistische Mittel das Besondere seines Standpunkts betont.
b) Welchen Nebensinn hat *disserere* (§ 3) hier? (Könnte Bezug auf Caesar, 51,15 vorliegen?)
Welche Formulierungen und Vorstellungen kennt der deutsche Sprachgebrauch für entsprechende Situationen?

A 3

a) Worin sieht Cato das Außerordentliche der politischen Lage (2–6), und wie steht er zum Problem der Todesstrafe (vgl. Caesars Rede 51,20)?
b) Worauf beruht die Wirkung des Appells (5/6)? Vgl. auch Catilinas Rede 20,14.

* **A 4**

a) Den Partien (a) 2–6, (b) 7–10, (c) 11/12 liegt jeweils dasselbe Argumentationsmuster zugrunde (vgl.: *non agitur de* § 6 und 10). Arbeiten Sie dieses heraus.
b) Läßt sich in den Leitgedanken (§§ 6, 10, 12) eine gleichmäßige Entwicklung feststellen?

A 5

Beobachten Sie in §§ 5–12 das Verhältnis Catos (= der sprechenden Person) zu seinen Zuhörern (den angesprochenen Personen) und Dritten (den besprochenen Personen) anhand des Gebrauchs der Pronomina.

A 6

a) Stellen Sie die Mißstände, die Cato in §§ 7–12 anführt, zusammen. Wen sieht er als den an der Krisensituation Schuldigen an?
b) Wie sieht Cato sein bisheriges politisches Wirken? (Vgl. auch oben H 1.)
c) Erörtern Sie: passen seine Ausführungen zu seinen philosophischen Überzeugungen?

* **A 7**

R Vergleichen Sie, von den zentralen Begriffen ausgehend, Ihre Beobachtungen zu A 6 mit den Analysen, die Sallust im eigenen Namen in der Praefatio und in den Exkursen (bes. Kap. 10–13 und 36,4–39,5) gibt. Welchen Zusammenhang sieht Sallust bzw. Cato zwischen politischen, wirtschaftlichen und moralischen Zuständen?

A 8

a) Welche Gefahr geht nach Cato (§§ 11/12) von falschem Wortgebrauch aus? Welches Argument gewinnt er aus dieser Vorstellung?

* b) *Hic mihi quisquam – nominat* (11): Bezieht sich dieser Vorwurf Catos auf Caesar? Vergleichen Sie ggf. A 4 und untersuchen Sie Sallusts Gebrauch von *quisquam* (5,3; 14,7).

---

2. Abschnitt (§§ 13–18)

A 1

Cato bezieht sich in 13/14 auf zwei Punkte Caesars: (a) die Unsinnigkeit der Todesstrafe und (b) den Antrag auf lebenslängliche Haftstrafe. Verdeutlichen Sie sich noch einmal, was für eine Rolle der erste Punkt für Argumentation (51,20) und Antrag (51,43) Caesars spielt, und vergleichen Sie damit Catos Ausführungen (auch Catos Formulierung *itaque censuit.*)

A 2

Caesar hatte geleugnet, daß die politische Lage Anlaß zu Besorgnis gebe (51,19).

a) Beschreiben Sie, wie Cato dieses Motiv in seiner Rede (14–18) verwendet.

* b) Erläutern Sie ausgehend von diesem Motiv, wie sich die Denkweise und Argumentationsrichtung der beiden Politiker unterscheiden.

* **A 3**

Untersuchen Sie die Verwendung und Wirkungsweise von Ironie in §§ 13–15. (Vgl. auch 1. Abschnitt A 2 b.)

Ironie (als Worttropus) ist die Benutzung des Vokabulars der Gegenpartei im festen Vertrauen darauf, daß das Publikum dies erkennt.

Die Ironie als Gedankentropus ist zunächst die als Gedanke fortgesetzte Wort-Ironie und besteht im Ersatz des gemeinten Gedankens durch sein Gegenteil.

(nach Heinrich Lausberg, Elemente der literar. Rhetorik, Hueber, München 3. Aufl. 1967, S. 78f und 140f)

---

3. Abschnitt (19–23)

A 1

Nach der Diskussion prinzipieller Fragen läßt Cato – wie Caesar zuvor – den Rückgriff auf die Geschichte folgen.

a) Stellen Sie gemäß Catos Ausführungen die moralischen und politischen Verhaltensweisen der *maiores* und der spätrepublikanischen Gesellschaft (Nobilität?) einander gegenüber (Tabelle): Welches ist nach Cato der Wesenszug der römischen Geschichte? Wie bewertet er den Faktor militärischer Stärke?

* b) Vergleichen Sie dazu die Grundzüge von Sallusts großem Exkurs (Kap. 6–13).

* **A 2**

Überprüfen Sie, wie Catos Darstellung der Geschichte inhaltlich und formal mit der übrigen Argumentation verknüpft ist.

---

4. Abschnitt (§§ 24–35)

A 1

Dreimal gebraucht Cato in den Partien 24–27, 28/29 und 30–34 die Formulierung *(vos) cunctamini.* Beschreiben Sie den jeweiligen Argumentationszusammenhang, in dem dieser Ausdruck begegnet.

A 2

Die kritische Lage des Staats wird am Anfang und am Schluß des Abschnitts geschildert. Worauf zielt er? – Stellen Sie auch die von Cato bekämpften und die geforderten Handlungsweisen fest.

* **A 3**
Charakterisieren Sie Catos Begriff von *religio* (28/29). Vergleichen Sie ihn mit der Grundhaltung der Römer in ihrer Religion.
(Lex. zur Antike, Stichwort ‚Röm. Religion')

* **A 4**
a) Analysieren Sie Catos Beweisführung unter dem allg. Gesichtspunkt der Logik und speziell unter folgendem:
Die Argumentationslehre kennt als Technik rhetorischer Argumentation das *‚argumentum a maiore ad minus'* bzw. *‚a minore ad maius':* von einer als gültig anerkannten umfassenderen, bedeutenderen Feststellung (zu einer Person oder Handlung) ausgehend wird auf einen weniger komplexen, geringeren Fall geschlossen *(= a maiore ad minus)* bzw. umgekehrt.
b) Untersuchen Sie Verwendung und Wirkungsweise von Ironie (vgl. 2. Abschn. A 3).

5. Abschnitt (§ 36)

A 1
Cato verwendet in seinem – hier wohl weitgehend authentisch wiedergegebenen – formellen Antrag juristische Begriffe.
(a) *scelerati cives:*
50,3; 52,2.3.10.17.24.25.35;
b) *confessi ... caedem ... paravisse* 47,2/3
(c) ... *sicuti de manufestis rerum capitalium.*
Überprüfen Sie die Formulierungen (a) und (b) auf ihre juristische Präzision, indem Sie mit den angeführten Stellen vergleichen.
Worin besteht die Problematik bei (c)? (Bedeutung von *‚manufestus'*?)

Kapitel 53 a

A 1
In welchem Licht läßt S. die Senatoren im Verlauf der Sitzung vom 5. Dez. erscheinen? (Vgl. 50,3–5; 52,1; 53,1.)

* **A 2**
Gr Abweichend vom Urteil moderner Historiker spricht Sallust nur zwei zeitgenössischen Staatsmännern *ingens virtus* zu: Caesar und Cato.
Überprüfen Sie anhand des ‚Catilina' Sallusts Einschätzung
– des Konsuls Cicero (22,3; 23,5–24,1; 26,1–3; 27,4; 29,1; 41,5; 43,1; 45,1; 46; 48,1 u. 8/9; 49,1; 50,1; (55,1))
– des Pompeius (16,5; 19,25; 38,1; 39,1)
– des Crassus (17,7; 19,1; 38,1; 48,3–9).
Warum erkennt S. ihnen nicht *ingens virtus* zu? (Vgl. auch 52 H 1).

Kapitel 51–53 a
Die beiden Reden und ihre Wirkung

Hinweis: Zu den folgenden A sollten Sie für die Rede, die Sie evtl. nicht genauer bearbeitet haben, eine Übersetzung heranziehen (→ Lit., S. 46).

A 1

Gr a) Cato bewirkt einen völligen Meinungsumschwung im Senat. Überprüfen Sie unter diesem Gesichtspunkt (abschnittweise) seine Rede, besonders
– die Bereiche, aus denen er seine Argumente zieht,
– die Emotionen, die er anspricht,
– die verwendeten rhetorischen Mittel.

Gr b) Untersuchen Sie ebenso die Rede Caesars. (Vgl. 51, 1. Abschnitt A 1 b.)

A 2
Cato gilt als Optimat; andererseits ist er im Jahre 63 designierter Volkstribun. Prüfen Sie, wie weit er in seiner Argumentation die Interessen der Nobilität bzw. der Plebs berücksichtigt. (Vgl. 29/30 H 1.) In welchen Formulierungen können Sie die Ziele seines politischen Handelns verdeutlicht sehen?

A 3

a) Stellen Sie fest, wieweit gedankliche Übereinstimmungen zwischen Catos Äußerungen – bei Sallust (52,7–9.19–23) – und Sallusts in der Praefatio und in den Exkursen (Kap. 10–13; 36,4–39,5) geäußerten eigenen Anschauungen bestehen (s. 1. Abschn. A 7 und 3. Abschn. A 1 b).

b) Beachten Sie andererseits in Caesars Rede die auf die Zukunft verweisenden Partien (52,13–15. 25–36).

c) Wo steht Sallust?

Kapitel 53 b/54

A 1

a) Erläutern Sie die Frage, die sich S. stellt (53,2), und stellen Sie den Zusammenhang des Exkurses mit der Situation her. Vgl. H 1.

b) Beschreiben Sie, wie S. in Methode und Sache zur Lösung seiner Frage gelangt ist.

A 2

a) Wie ist die Rolle, die S. hier (53,4) dem geschichtlichen Wirken der Einzelpersönlichkeit zuspricht, mit dem Idealbild zu vereinbaren, das er in dem historischen Exkurs (Kap. 7 u. 9) entworfen hat? – Vergleichen Sie aber auch zu 53,2/3 in der Rede Catos den § 52,19.

* b) Unterteilen Sie die hier (53,4/5) entwickelte Geschichte des römischen Staates in Phasen und versuchen Sie diese den Abschnitten des Exkurses Kap. 7–13 zuzuordnen.

* **A 3**

In 53,6 werden Caesar und Cato noch vor ihrem ausführlichen Vergleich *ingens virtus,* aber auch *divorsi mores* zugesprochen. Worin wird nach Ihren Erwartungen aufgrund der Reden (Kap. 51/52) die Verschiedenheit der *mores* liegen?

A 4

a) Stellen Sie die Charakterzüge und Verhaltensweisen, die S. in Kap. 54 den beiden Männern zuspricht, in Tabellenform einander gegenüber.

b) Vergleichen Sie die sprachliche Form der jeweiligen Paare: Was ergibt sich?

* c) Erörtern Sie, in welchen der angeführten Charakterzüge sich ein Bezug auf die Situation der Senatssitzung und auf die in den Reden vorgetragenen Gedanken erkennen läßt.

d) Welche Ziele Caesars und Catos ergeben sich aus der Charakterisierung? Was hat sich jeder als oberstes Ziel gesetzt?

* **A 5**

a) Läßt sich jetzt zeigen, was S. mit *ingens virtus, divorsi mores* beider Männer (53,6) gemeint hat?

b) Für welche Lebensbereiche haben die von S. genannten Charakterzüge und Handlungsweisen Bedeutung? Welche Bereiche könnten in einer Personencharakteristik noch angesprochen werden? Erklären Sie Ihr Ergebnis.

A 6

*R a) Informieren Sie sich über Catos politisches Wirken: Wie passen Ihre Beobachtungen zu Sallusts Charakterisierung (Kap. 53/54)?

(→ Heuß; → Bengtson; → Christ (Index); → Propyläen-WG 248f. – → Gelzer; → Oppermann)

b) Wird deutlich, warum S. gerade Cato neben Caesar stellt? Vgl. auch H 2.

A 7

a) Überprüfen Sie Caesars Charakteristik kritisch daraufhin, inwiefern sie eine mißgünstige Auslegung zuläßt. Wie setzt S. selbst dieser Betrachtungsweise eine Grenze?

b) Vergleichen Sie § 4 der Caesar-Charakteristik mit der Catilinas 5,1–8: Welche Wesenszüge sind vergleichbar? Worin liegt der Unterschied? – Ziehen Sie zur Erklärung Kap. 10–11,3 heran.

* **A 8**

R a) Informieren Sie sich im Hinblick auf die Charakteristik – evtl. arbeitsteilig – über Caesars politisches Wirken insbesondere während Ädilität (→ Gelzer 33–37; → Oppermann 35), Konsulat (G. 64–91; O. 44–49) und im Bürgerkrieg (G. 179–251; O. 98–131).

b) Vergleichen Sie Sallusts Aussage über Caesar § 4 *(bellum ... posset)* mit seinen Ausführungen zur *gloria* in 1,1–4. Wie bewertet S. diesen Wesenszug Caesars?

* **A 9**

a) Welche Verhaltensweisen Caesars und Catos finden in dem Exkurs 6–13 ihr Vorbild, welche nicht? Gibt es dabei Unterschiede zwischen ihnen? (Verwenden Sie die Vergleichstabelle aus A 4 a.)

b) Gibt es in 6–13 positive Verhaltensweisen, die hier überhaupt fehlen?

c) Läßt sich feststellen, ob etwa die *mores* Caesars und Catos zusammengenommen dem dort formulierten Ideal entsprechen?

* **A 10**

In 53,5 stellt S. den Erschöpfungszustand des Imperiums dar. Haben nach Sallusts Ansicht Cato und Caesar durch ihre Haltung zum Staat diesen Zustand überwunden? (Vgl. ggf. oben zu A 8 b.)

* **A 11**

Verdeutlichen Sie sich noch einmal (anhand der Gliederung, Textband S. 78 ff.) Inhalt und Funktion der vorausgegangenen Exkurse (6–13; 25; 37–39,5). Welche Aufgabe erfüllt die ‚Synkrisis'?

Vgl. H 1 und 2.

* **A 12**

Gr Analysieren Sie Z 1 unter folgenden Fragestellungen:

a) Für welchen der beiden ergreift Gundolf Partei? Wird deutlich, warum?

b) Läßt sich sein Urteil mit der ‚Synkrisis' begründen?

c) Wie beurteilt Gundolf die literarische Leistung Sallusts in der Synkrisis; und wie stehen Sie zu Gundolfs Urteil?

* **A 13**

Gr Lesen Sie Z 2. Was erbringt diese Betrachtungsweise für das Verständnis Catos und Caesars? Erörtern Sie auch die Problematik dieses typisierenden Vergleichens.

H 1

Dem Paar der Reden Caesars und Catos fügt Sallust einen Vergleich (‚Synkrisis') der Persönlichkeiten an. Literarische Vorbilder dafür konnte er in der Rhetorik und Geschichtsschreibung des 4. Jahrhunderts finden, das dem Charakter und der Handlungsweise (griech: *ēthos*, meist pl. *ēthē*, bei Sallust, Cat. 53,6 *natura et mores*) besondere Aufmerksamkeit widmete. Auf Sallust muß aber besonders der Politiker und Historiker Polybios (201–120 v. Chr.) gewirkt haben, der in seinem Geschichtswerk Politiker, aber auch Staaten und ihre Verfassungen (Buch 6: Athen, Sparta, Karthago, Rom) miteinander verglich.

H 2

Sallust urteilt in der Synkrisis nicht nur aus der Situation des Jahres 63 heraus. Als er zwischen 43 und 39 die ‚Coniuratio Catilinae' verfaßte, waren beide Politiker seit mehreren Jahren tot, doch ihr politisches Erbe wirkte weiter. Der in dieser Senatsdebatte zuerst zutage getretene Gegensatz zwischen Caesar und Cato wurde besonders seit Caesars Konsulat und dem Machtbündnis zwischen Caesar, Pompeius und Crassus (Triumvirat) zu einer ständigen und ins Grundsätzliche gehenden politischen Gegnerschaft, die erst mit Catos Freitod nach Caesars Sieg bei Thapsus (46 v. Chr.) ihr Ende fand. Schon vor seinem Tod wurde diese Gegnerschaft als Kampf zwischen freier Republik und Monarchie verstanden. Besonders in der frühen Kaiserzeit wurde Cato zum Sinnbild republikanischer Freiheit, sein Tod zum Symbol des kompromißlosen Widerstandes.

Auch in seinem zweiten Werk, dem ‚Bellum Jugurthinum', hat Sallust eine krisenhafte Gefahr geschildert, die nur mit Mühe überwunden werden konnte und schon tiefergehende Schäden des Staates offenbarte. Auch an ihr Ende stellte Sallust den Gegensatz zweier Persönlichkeiten, Marius und Sulla, die später zu unversöhnlichen Gegnern wurden und den römischen Staat in den Bürgerkrieg stürzten.

Gerade die Schlüsse beider Werke zeigen also, daß die Exkurse über den inneren Zustand Roms nicht nur den begrenzten Konflikt historisch erklären, sondern an ihm die grundsätzliche Krise Roms analysieren sollen, die auch mit dem scheinbar erfolgreichen Ende der aktuellen Konflikte (Tod Catilinas, Sieg über Jugurtha) nicht mehr zur Ruhe kam.

Z 1

Eine prägnante Würdigung der Gegenüberstellung von Caesar und Cato gab der Literaturforscher und Schriftsteller F. Gundolf –
Friedrich Gundolf, Caesar. Geschichte seines Ruhms, Berlin 1924, Nachdruck: WBG, Darmstadt 1968, S. 19f:

So kam Sallust zu Caesar und übernahm wider die Verfechter der guten Vorzeit gerade Cäsars sittliche Verteidigung mit beredt gemimtem, nicht voll durchlebtem, doch auch nicht nur rednerisch gemachtem Ethos und mit dem geweckten Verstand eines Politikers aus Cäsars Schule.
Die lebendige Ansicht seines Meisters hat Sallust um der Abwehr willen in eine Antithese gepreßt, die mehr moralische Typen als politische Personen bezeichnet. Dem Cato-Ideal der strengen reinen Sitten setzte er das Ideal des großen reichen Lebens entgegen. Ohne Cato zu erniedern verdunkelt er ihn, indem er seine Größe als Mangel von Lastern und Fehlern zeichnet, die Cäsars als das Dasein von Gaben, den einen als den Träger der achtbaren Ehre, den andern als Inbegriff des wünschenswerten Überschusses ... Sallust (hat Caesar) zuerst auf allgemeine Eigenschaften abgezogen und damit schablonisiert für die Redner und Schulmeister, die weniger das einmalige Gesicht suchen als das brauchbare Muster. Diesen Schulmeistern dankt Sallust seinen Ruhm als historischer Bildner, als Ahn des Tacitus. Er ist nur Schilderer. Sein Cäsar ist kein Gewächs aus Kräften sondern ein Gestell von Werten oder Zügen ... – der erste römische Typus des Megalurgos[1], des hochstrebenden freisinnigen großmütigen Machtsuchers, keineswegs die bestimmte Monas[2] eben dieser Seele, Stunde und Sache ... Den Gemeinplatz Cato – Cäsar als Gegensatz zwischen Tugend und Größe, oder Tugend und Glück, hat Sallust der Weltliteratur vererbt.

[1] griech. = „der Großes schafft/bewirkt“ (Anm. d. Hg.)
[2] (griech.) Einheit, unvergänglich beseelte Substanz; von Leibniz geprägter Begriff (A. d. Hg.)

Z 2

In seinem Buch ‚Haben oder Sein‘ entwickelt der Sozialpsychologe E. Fromm (1900–1980) zwei grundlegende, gegensätzliche Existenzweisen der Menschen in der heutigen Zivilisation:
Erich Fromm, Haben oder Sein. dtv-Sachbuch 1490, München ^{3}1980, S. 83;46:

Die Existenzweise *des Habens,* die auf Eigentum und Profit ausgerichtete Orientierung, gebiert zwangsläufig das Verlangen nach Macht, ja die Abhängigkeit von Macht. Es ist Gewaltanwendung nötig, um den Widerstand eines Lebewesens zu brechen, das man beherrschen möchte. Der Besitz von Privateigentum erfordert Macht, um es vor jenen zu schützen, die es uns wegnehmen wollen, denn genau wie wir bekommen auch sie nie genug. Der Wunsch, Privateigentum zu haben, erweckt den Wunsch in uns, Gewalt anzuwenden, um andere offen oder heimlich zu berauben. In der Existenzweise des Habens findet der Mensch sein Glück in der Überlegenheit gegenüber anderen, in seinem Machtbewußtsein und in letzter Konsequenz in seiner Fähigkeit, zu erobern, zu rauben und zu töten.
Autorität, die *im Sein* gründet, basiert nicht auf der Fähigkeit, bestimmte gesellschaftliche Funktionen zu erfüllen, sondern gleichermaßen auf der Persönlichkeit eines Menschen, der ein hohes Maß an Selbstverwirklichung und Integration erreicht hat. Ein solcher Mensch strahlt Autorität aus, ohne drohen, bestechen oder Befehle erteilen zu müssen; es handelt sich einfach um ein hochentwickeltes Individuum, das durch das, was es ist – und nicht nur, was es tut oder sagt –, demonstriert, was der Mensch sein kann.

Kapitel 55

A 1
Stellen Sie die im Schlußteil geschilderten Schauplätze des Geschehens sowie die unterschiedlichen Erzählformen fest.

A 2
Erörtern Sie mögliche Gründe, warum S. das Tullianum und die Hinrichtung verhältnismäßig ausführlich schildert.

* **A 3**
R Stellen Sie dar, welche Nachwirkungen die Hinrichtung der Catilinarier auf Ciceros politische Laufbahn hatte. (→ Giebel, Cicero 43–63; zur lex Clodia s. Lexikon z. Antike.)

* **A 4**
a) Lesen Sie Z 1. Vergleichen Sie Brechts Schilderung besonders in den Zeilen 1–26 mit Sallusts Darstellung.
b) Welche Rolle spielt der Satz „Sie hatten an die Sklavenfrage gerührt" (Z. 25f) in Brechts Darstellung (vgl. auch 31/32 Z 2, Zeilen 47ff)? Vergleichen Sie mit S. Cat. 24,4; 44,3–6 (evtl. 56,5).
c) Die von Brecht in Zeile 34ff wiedergegebenen (und von Plutarch überlieferten) Ereignisse übergeht S.; warum wohl?

Z 1 → B. Brecht, Die Geschäfte des Herrn Julius Caesar, S. 100/101:

Im Grunde glaubte niemand, daß eine Exekution stattfinden könnte. Überall konnte man hören: „Wir leben nicht unter einer asiatischen Despotie." Die Gesetze schreiben deutlich vor, daß römische Bürger nur mit Zustimmung der Volksversammlung zum Tod verurteilt werden dürfen. Als gegen Abend bei einbrechender Dunkelheit Cicero die Verhafteten abholte und sie über die Heiligenstraße und das Forum durch die schweigenden Menschenmauern führte, dachte jedermann, sie kämen lediglich in Verwahrung. Allerdings, da wo die Heiligenstraße in das Forum mündet, wurde die „Wade"[1] ohnmächtig. An den geschlossenen Bankbuden vorbei mußte man ihn tragen. Und ganz Vornstehende, die das schweißdurchnäßte Haar des Cethegus sehen konnten, mochten ahnen, wohin der kleine Zug ging. Aber keiner der Geführten rief der Menge auch nur ein Wort zu, und kein einziger der vielen, die noch vor zwei Tagen alles auf diese Leute gesetzt hatten, machte jetzt Miene, eine Hand für sie zu erheben. Sie hatten an die Sklavenfrage gerührt!

Als der Konsul wieder heraustrat aus dem Mamertinischen Gefängnis, selber ein veränderter Mann, mit Schweißtropfen auf der Stirn und kaum fähig, sich auf den Beinen zu halten, und mit dumpfer Stimme sagte: „Sie leben nicht mehr", gab es in der großen Menge kein Wort der Kritik. Und als er eine Stunde danach das Capitol verließ, umringt von den bekanntesten Mitgliedern des Senats, die ihn eben als „Vater des Vaterlandes" begrüßt hatten, lauter Leuten, die große Kriege geführt und Rom viel Beute erobert hatten und nun ihm dankten, daß er sie ihnen gerettet hatte, wagte sich das bessere Publikum vor, und es erhoben sich einzelne Zurufe. Auch wurden Lampen vor die Haustüren gestellt, und man sah Frauen vom Balkon herab ihm zuwinken.

[1] P. Cornelius Lentulus Sura (sura = Wade)

Kapitel 56/57

A 1
Catilina trat nach dem Verlassen Roms mit den Insignien eines Konsuls auf (vgl. 36,1); er versuchte auch jetzt seinen Truppen die Form eines regulären Heeres zu geben.

a) Erörtern Sie abschließend die Gründe, weshalb er – im Gegensatz zu C. Gracchus, Marius und Cinna vor ihm – Sklaven nicht in sein Heer aufnahm. (Vgl. ggf. die Beobachtungen zu 44/45 A 1.)

*R b) Informieren Sie sich zu dieser Frage über die Zielsetzung und den Verlauf der Sklavenkriege des 2. und 1. Jh.
(→ Bengtson 161–164; → Alföldy 60ff, → Christ 56ff, 82ff, 243ff)

A 2
Welche Verschwörergruppen verlassen Catilina? Vergleichen Sie hierzu die früheren Aufzählungen von Catilinariern (Cat. 14–17; 28,4; 37): Welche Gruppen bleiben ihm treu?

Kapitel 58

A 1
Schon Catilinas Verschwörerrede (Kap. 20) war mit Motiven der Feldherrnrede durchsetzt. Hier hält Catilina eine wirkliche Feldherrnrede.
Die (voll ausgebildete) antike Feldherrnrede behandelte die fünf Hauptpunkte: (a) Notwendigkeit des Kampfes, (b) Darlegung der militärischen Lage, (c) Aufforderung zur Einsatzbereitschaft (Paränese), (d) Siegeszuversicht und (e) Gelöbnis des Feldherrn zu eigenem vollem Einsatz.
Versuchen Sie diese Hauptpunkte bei Catilina nachzuweisen und interpretieren Sie Ihren Befund.

A 2
a) 58,4: Welche rhetorische Taktik verfolgt Catilina? Wie berechtigt ist nach S. (vgl. 32,2; 43,1,3 und 56,4) die Kritik an Lentulus?
b) Stellt Catilina seine Gegner und seine eigenen Aussichten richtig dar?

* **A 3**
a) Vergegenwärtigen Sie sich die jeweilige Zusammensetzung der Zuhörerschaft in Kap. 58 und 20 und vergleichen Sie dazu die einleitenden Partien 58,1–2/20,2–4.
b) Suchen Sie zu den Aufreihungen von Wertbegriffen in §§ 8 (,11) und 19 die Entsprechungen in Kap. 20 und vergleichen Sie die Formulierungen; interpretieren Sie Ihre Beobachtungen.

* **A 4**
Nur Catilina erhält in Sallusts Schrift zwei Reden. Ziehen Sie die Gliederung (Textband S. 78ff.) heran und diskutieren Sie Stellung und Funktion der beiden Reden im Gesamtablauf.

Kapitel 59/60

A 1
Vergleichen Sie Vorbereitungen, Kampfmoral und Verlauf der Schlacht auf beiden Seiten.

A 2
Läßt sich eine Parteinahme Sallusts in Schilderung und Wortwahl erkennen? (Hinweis: Wer wird *hostis* genannt?)

Kapitel 60/61

A 1
a) Welches Bild wird von Catilina und seinen Anhängern in den Schlußkapiteln entwikkelt? Stellen Sie die Züge zusammen.
b) Vergleichen Sie dazu Catilinas Charakteristik in Kap. 5: Kann man von einer Wandlung Catilinas sprechen?

A 2
Sallust schließt – der Vorliebe der hellenistischen Geschichtsschreibung für tragische Verkettungen und pathetische Szenen folgend – die Catilina-Monographie mit der Schilderung eines Schlachtfeldes und spart die weitere politische Entwicklung und die Tragweite des Senatssiegs aus.
a) Inwiefern könnte S. gerade mit diesem ‚offenen' Schluß auf die weitere Entwicklung der römischen Geschichte verweisen wollen? (Berücksichtigen Sie die Abfassungszeit der Schrift; vgl. 53b/54 H 2.)
R b) Informieren Sie sich über die von S. ausgeblendete Entwicklung der Jahre 63–59. Aus welchen Gründen könnte S. sie weggelassen haben?
(→ Giebel 44–54; → Bengtson 208–212; → Heuß 197–204; → Propyläen-WG 254ff)

Literatur

I Nachschlagewerke

Lexikon der Alten Welt. Zürich und Stuttgart (Artemis) 1965
bzw. dtv-Lexikon der Antike. München (dtv) 1969–1971

Das große Lexikon der Antike, hrsg. von Johannes Irmscher, 3. erw. Auflage. München (Heyne) 1979 (Heyne-Taschenbuch 4423)

Der kleine Pauly. Lexikon der Antike, hrsg. von Konrat Ziegler und Walther Sontheimer, 5 Bände. München (dtv) 1979

Res Romanae. Ein Begleitbuch für die lateinische Lektüre, hrsg. von Heinrich Krefeld, 11. Auflage. Frankfurt (Hirschgraben) 1972

II Römische Geschichte

Alföldy, Géza: Römische Sozialgeschichte. 2., durchg. Aufl. mit Nachträgen, Wiesbaden (Steiner) 1979 (Wissenschaftliche Paperbacks, Sozial- und Wirtschaftsgeschichte)

Badian, Ernst: Römischer Imperialismus in der Späten Republik. (Aus dem Englischen übersetzt von G. Wirth). Stuttgart (Teubner) 1980. (Teubner Studienbücher: Geschichte)

Bengtson, Hermann: Grundriß der römischen Geschichte mit Quellenkunde. I: Republik und Kaiserzeit bis 284 n. Chr. 2., durchg. Auflage. München (Beck) 1970 (Handbuch der Altertumswissenschaft III 5,1)

Bleicken, Jochen: Die Verfassung der römischen Republik. Grundlagen und Entwicklung. Paderborn (Schöningh) 1975 (Uni-Taschenbücher 460)

Brockmeyer, Norbert: Sozialgeschichte der Antike. Ein Abriß. Stuttgart/Berlin/Köln/Mainz (Kohlhammer) 1972 (Urban Taschenbücher 153)

Christ, Karl: Krise und Untergang der römischen Republik. Darmstadt (WBG) 1979

Gelzer, Matthias: Caesar, der Politiker und Staatsmann. 6., bearb. u. erw. Aufl. Wiesbaden (Steiner) 1966

Giebel, Marion: Cicero. Reinbek b. Hamburg (Rowohlt) 1977 (rowohlts monographien 261)

Heuß, Alfred: Römische Geschichte. 4., erg. Auflage. Darmstadt (WBG) 1976

Kähler, Heinz: Rom und seine Welt. Bilder zur Geschichte und Kultur. 2 Bde. München (Bayerischer Schulbuch-Verlag) 1958–60

Meyer, Ernst: Einführung in die antike Staatskunde. 4. Auflage. Darmstadt (WBG) 1980

ders.: Römischer Staat und Staatsgedanke. 2., durchg. u. erg. Auflage. Darmstadt (WBG) 1961

Mommsen, Theodor: Römische Geschichte. Vollständige Ausgabe in acht Bänden. Mit einem Vorwort von K. Christ. Darmstadt (WBG) 1976

Oppermann, Hans: Caesar in Selbstzeugnissen und Bilddokumenten. Reinbek b. Hamburg (Rowohlt) 1968 (rowohlts monographien 135)

Propyläen-Weltgeschichte, IV. Band, 1. Halbband: Bleicken, Jochen / Heuß, Alfred / Hoffmann, Wilhelm: Rom. Die römische Welt. Frankfurt-Berlin-Wien (Ullstein) 1963 (Ullstein Taschenb. 4727)

Vogt, Joseph: Die Römische Republik. I: Der Aufstieg Roms. II: Weltreich und Krise. Freiburg (Herder) 1962 (Herder-Bücherei 128 u. 133, vergriffen). 6. Auflage Freiburg/München (Alber) 1973